Les pôles d'équilibre territoriaux et ruraux et la « politique de pays »

Collection *Droit des collectivités territoriales*
fondée et dirigée par
Bernard POUJADE et Xavier CABANNES
Professeurs à l'Université Paris Cité

Série des travaux de l'association française
de droit des collectivités locales

Dernières parutions

Pauline TÜRK (dir.), *Pour un droit constitutionnel des collectivités territoriales. Évolutions et débats*, 2020.

Marie JAN, *L'égalité professionnelle dans la fonction publique territoriale. L'exemple de la Région Nouvelle-Aquitaine*, 2020.

Jean-Christophe CERVANTES, *Le principe d'unité des catégories de collectivités territoriales en question,* 2019.

Carole CHEVILLEY-HIVER, Matthieu HOUSER et Anne MARCEAU (dir.), *Les collectivités territoriales à l'ère du numérique*, 2019.

Thierry DI MANNO et Alexis LE QUINIO (dir.), *Quelle(s) commune(s) pour le XXIe siècle ? Approche de droit comparé*, 2018.

Maylis DOUENCE (dir.), *L'exercice des compétences locales entre rationalisation et créativité*, 2018.

Apolline THIRION, *La nouvelle compétence GEMAPI, Gestion des milieux aquatiques et préventions des inondations, Quels moyens mis à disposition des collectivités territoriales pour structurer et financer cette nouvelle compétence ?*, 2018.

Jean-Marc BROU (dir.), *La dynamique de l'économie mixte dans la région Occitanie*, 2017.

Julie BENETTI (dir), *Les collectivités territoriales et le principe d'égalité*, 2016.

Mathilde MONTAUBIN, *Le référendum d'indépendance de l'Écosse*, 2016.

Jean-François BRISSON, *L'Assemblée délibérante, avenir de la démocratire locale ?*, 2016.

Mélissa GOASDOUÉ, *Les collectivités territoriales et la spéculation*, 2015.

Benjamin Tendron

Les pôles d'équilibre territoriaux et ruraux et la « politique de pays »

Préface du professeur Nicolas Kada

L'Harmattan

5-7, rue de l'Ecole-Polytechnique, 75005 Paris

http://www.editions-harmattan.fr

ISBN : 978-2-14-028342-0
EAN : 9782140283420

Les opinions exprimées dans ce mémoire sont celles de l'auteur et ne sauraient en aucun cas engager le directeur du mémoire ou l'Université Paris-Panthéon-Assas.

« Toutes les communes ne sont pas à la porte des grandes villes. En chaque affaire de ce genre, il faut consulter l'esprit du pays, sa situation, ses ressources, étudier le terrain, les hommes et les choses, et ne pas vouloir planter des vignes en Normandie. Ainsi donc, rien n'est plus variable que l'administration, elle a peu de principes généraux. La loi est uniforme, les mœurs, les terres, les intelligences ne le sont pas ; or, l'administration est l'art d'appliquer les lois sans blesser les intérêts, tout y est donc local. »

Honoré de Balzac, *Le médecin de campagne,* 1833.

REMERCIEMENTS

Je tiens tout d'abord à remercier Monsieur Bernard Leurquin, préfet honoraire qui a été pleinement engagé dans le développement des pays institutionnels et dans l'opération de préfiguration des pays dans les années 90, pour nos échanges. Je lui suis également reconnaissant de m'avoir gentiment envoyé des documents issus de ses archives personnelles alors qu'il profite d'une retraite tranquille dans les Alpes-de-Haute-Provence.

A l'équipe de l'Association nationale des pôles d'équilibre territoriaux et ruraux qui m'a accueilli en son sein pendant plus de six mois, j'adresse tous mes remerciements. Cette expérience m'a permis d'approfondir mes recherches et d'être au cœur des relations entre les pôles d'équilibre territoriaux et ruraux et les autres institutions, locales ou nationales.

J'adresse ma plus profonde gratitude à tous les territoires avec lesquels j'ai pu échanger mais aussi à Monsieur le Professeur Laurent Rieutort, Messieurs Gwénaël Doré, Jean-Yves Pineau, Raymond Vall, Claude Grivel ainsi que Monsieur Maxime Goudezeune avec lesquels j'ai pu m'entretenir sur la notion de pays, le rôle du projet de territoire et plus généralement sur des questions de développement local.

Je tiens aussi à exprimer ma reconnaissance à Monsieur le Professeur Stéphane Caporal-Gréco, Madame Martine Long et Madame Isabelle Muller-Quoy pour leurs recommandations bibliographiques.

J'adresse également mes plus sincères remerciements à Monsieur le Professeur Nicolas Kada, pour avoir accepté d'encadrer mon travail ainsi que pour m'avoir accompagné dans mes recherches durant l'année universitaire 2020-2021.

De même, je remercie l'Association française de droit des collectivités locales de m'avoir désigné lauréat du prix 2021 du mémoire de master, et particulièrement son Président, Monsieur le Professeur Michel Verpeaux ainsi que sa Secrétaire Générale, Madame la Professeure Laetitia Janicot, qui m'a particulièrement soutenu durant ma première année de doctorat à l'Université Paris 1 Panthéon-Sorbonne.

Enfin, mes dernières pensées sont tournées vers Monsieur le Professeur Olivier Renaudie qui a accepté d'être mon directeur de thèse à partir de la rentrée 2021.

Benjamin TENDRON,
Doctorant en droit public
Université Paris 1 Panthéon-Sorbonne
Institut des sciences juridique et philosophique de la Sorbonne (UMR 8103)

PREFACE

Nicolas KADA

Professeur de droit public à l'Université Grenoble Alpes

Codirecteur du GRALE – GIS Université Paris I Panthéon Sorbonne

Les pôles d'équilibre territorial et rural et les pays relèvent-ils vraiment du droit de la décentralisation ? Que sont ces OTNI – objets territoriaux non identifiés – dont il est question ici ? Le sujet de ce mémoire rappelle à juste titre combien territoires et collectivités décentralisées peuvent être deux choses différentes, les premiers correspondant à une réalité vécue alors que les secondes n'étant que des fictions juridiques. Evidemment, dans l'idéal, ces deux éléments ont vocation à se superposer et même à se confondre, mais l'on sait comme certains obstacles ou freins peuvent les en empêcher. Cette confusion idéale entre territoires vécus et institutions reconnues a d'ailleurs tendance à se faire plus complexe et donc nécessairement plus rare : les périmètres, les compétences et les modalités d'intervention tels que le législateur les définit depuis 1982 ont, certes, évolué mais bien moins que ne s'est transformée, depuis 40 ans, la société elle-même.

Les pôles d'équilibre territorial et rural reflètent en réalité une conception particulière de la décentralisation : à la fois défensive, en réaction à des collectivités décentralisées par trop établies et rigidifiées, et offensive dans la mesure où il s'agit de proposer un projet sur un territoire dont les limites géographiques ne sont pas nécessairement figées. Ces formules juridiques, peu contraignantes, correspondent finalement à une *soft law* territoriale, où seuls les projets comptent et où la gouvernance est reléguée au second plan. Elles renouent en cela avec une approche dynamique de la décentralisation, voire de la décentration par rapport aux communes, départements et régions désormais stabilisées dans un périmètre géographique qui parfois les enferme. Pour autant, les pôles peuvent également apparaître comme une institutionnalisation des pays eux-mêmes, ce qui constitue dès lors une sorte de paradoxe car cette évolution serait par nature antinomique avec l'esprit originel des pays. Certes, le mode de fonctionnement de ces pôles reste marqué par une grande souplesse et les compétences exercées demeurent modestes, mais ces nouveaux modèles locaux esquissent en quelque sorte des ponts entre les politiques de décentralisation les plus traditionnelles (transfert vertical de compétences à des collectivités installées) et les réformes territoriales les plus récentes (recompositions locales et logiques de partenariat). L'exposé des motifs de la loi NOTRe illustre ce constat en retenant, comme objectif principal, de « moderniser en profondeur notre organisation territoriale » et non pas notre organisation décentralisée.

La décentralisation n'a finalement créé que peu de nouvelles délimitations géographiques, raisonnant plutôt à cadres constants et ne s'autorisant ponctuellement que quelques fusions (comme ce fut le cas pour les régions). En l'espace de quelques années, communes, départements et régions se sont ainsi durablement installés dans leurs périmètres respectifs et n'ont eu de cesse de les défendre, les administrer, les animer et les représenter. La volonté récemment réaffirmée de sortir des cadres les plus classiques, de fonctionner en réseau, de s'affranchir de limites territoriales parfois pluriséculaires est donc remarquable mais la récupération de ces nouveaux espaces d'action par les autorités locales traditionnelles n'en est que plus regrettable. Apprivoisés, instrumentalisés, institutionnalisés, les pays se retrouvent ainsi placés entre les mains des élus locaux et au cœur de luttes institutionnelles plus ou moins avouées. Ils deviennent en quelque sorte intercommunalisés, c'est-à-dire transformés en outils – jouets, serait-on tenté d'écrire – d'élus territoriaux en mal de mécano institutionnel ou de moyens d'action.

Le territoire rappelle ainsi qu'il est aussi un lieu de pouvoir, un espace où s'exerce l'autorité politique et où se met en place une organisation collective. Le droit de la décentralisation ne donne pas nécessairement à voir cette réalité sociale, alors même que le pouvoir intrinsèque de toute forme territoriale résulte toujours de rapports de force entre les autres formes de pouvoirs existant… afin de laisser une nouvelle autorité émerger et s'exercer. D'ailleurs, les collectivités territoriales n'ont eu de cesser d'améliorer leur système de pouvoir pour mieux s'articuler, notamment avec les formes anciennes de pouvoir exercés par les corps intermédiaires, les réseaux d'entreprise ou les collectifs d'habitants. Avec des réussites diverses, à l'image des pôles d'équilibre territorial et rural. Si la Cour des Comptes dresse en mai 2022 un bilan sévère de ces dispositifs, ses conclusions doivent nous alerter : en invitant le législateur à faire évoluer ces pôles vers des syndicats mixtes ouverts, des établissements publics de coopération intercommunale ou des associations, la Cour entend ramener les pôles d'équilibre territorial et rural dans le droit commun de la décentralisation… ce qui constituerait sans aucun doute la fin de leur spécificité et donc, à terme, de leur raison d'être.

Pressentant cette évolution, Benjamin Tendron, à travers cette brillante étude sur les pôles d'équilibre territorial et rural, met ainsi en évidence un des enjeux fondamentaux de la décentralisation : ne pas laisser s'établir un écart trop grand entre les pratiques sociales territorialisées et les organisations politiques décentralisées.

TABLE DES SIGLES

AdCF	Assemblée des Communautés de France
AJCT	Actualité juridique collectivités territoriales
AJDA	Actualité juridique droit administratif
ANCT	Agence nationale de la cohésion des territoires
ANPP	Association nationale des pôles d'équilibre territoriaux et ruraux et des pays
AOM	Autorité organisatrice de la mobilité
APFP	Association pour la fondation des pays
BJCL	Bulletin juridique des collectivités locales
CDCI	Commission départementale de coopération intercommunale

CEREMA	Centre d'études et d'expertise sur les risques, l'environnement, la mobilité et l'aménagement
CESER	Conseil économique, social et environnemental régional
CGCT	Code général des collectivités territoriales
CPER	Contrat de plans Etat-région
CRTE	Contrat de relance et de transition écologique
CTL	Contrat territoire lecture
DATAR	Délégation à l'aménagement du territoire et à l'action régionale
DETR	Dotation d'équipement des territoires ruraux
DGCL	Direction générale des collectivités locales
DRAC	Direction régionale des affaires culturelles

DSIL	Dotation de soutien à l'investissement local
EPAGE	Etablissement public d'aménagement et de gestion de l'eau
EPCI	Etablissement public de coopération intercommunale
EPCI-FP	Etablissement public de coopération intercommunale à fiscalité propre
EPIC	Etablissement public à caractère industriel et commercial
EPTB	Etablissement public territorial de bassin
EUD	Editions Universitaires de Dijon
GAL	Groupe d'action locale
GEMAPI	Gestion des milieux aquatiques et prévention des inondations
GIPDL	Groupement d'intérêt public de développement local

IAAT	Institut Atlantique d'Aménagement du Territoire Poitou-Charentes
IEP	Institut d'études politiques
INDL	Institut national du développement local
INPI	Institut national de la propriété industrielle
INSEE	Institut national de la statistique et des études économiques
IRD	Institut de recherche pour le développement
JCP A	La semaine juridique administrations et collectivités territoriales
LEADER	Liaison entre les actions du développement des économies rurales
LOM	Loi d'orientation des mobilités
MAPTAM	Modernisation de l'action publique territoriale et d'affirmation de la métropole (loi)

NOTRe	Nouvelle organisation territoriale de la République (loi)
PAC	Politique agricole commune
PADD	Plan d'aménagement et de développement durable
PAS	Projet d'aménagement stratégique
PAT	Projet alimentaire territorial
PCAET	Plan climat-air-énergie territorial
PER	Pôle d'excellence rurale
PETR	Pôle d'équilibre territorial et rural
PLU(i)	Plan local d'urbanisme (intercommunal)
PNR	Parc naturel régional
RDI	Revue de droit immobilier
RLCT	Revue Lamy Collectivités territoriales

SAGE	Schéma d'aménagement et de gestion des eaux
SCoT	Schéma de cohérence territoriale
SDAGE	Schéma directeur d'aménagement et de gestion des eaux
SPL	Société publique locale
SRADDET	Schéma régional d'aménagement, de développement durable et d'égalité des territoires

SOMMAIRE

Introduction générale

De la reconnaissance du pays à la construction de l'intercommunalité

Préambule

« Le regain de faveur dont bénéficient aujourd'hui les produits et les images du terroir et du pays indique-t-il seulement la capacité de résistance de notre vieil imaginaire champêtre et provincial face aux peurs que suscite la mondialisation ? Ne reflète-t-il pas, plus profondément, les nouveaux rapports des Français aux territoires où ils travaillent, consomment, circulent (...) »[1], questionne l'historien Jean- François Chanet dans un article de 2001 sur les notions de « pays » et de « terroirs ».

Le terme de pays renvoie effectivement à une pluralité d'approches dont l'une reflète une vision symbolique et fantasmée de la ruralité. Le pays est alors perçu comme le territoire, la province où l'on grandit, où l'on s'épanouit et autour de laquelle on entretient des liens culturels, sociaux et identitaires.

Le pays porte en lui une dimension idéologique : la notion fait en effet écho à un champ lexical de l'authenticité, de la proximité, du régionalisme. Il est un véritable label, une origine protégée[2], qui légitime le territoire par la présence présumée de singularités historiques et encourage l'émergence d'un sentiment d'appartenance chez ses habitants. De surcroît, l'appellation « pays » donne au territoire une incontestable vitrine commerciale et touristique qui promeut auprès des

---

[1] CHANET Jean-François. « Terroirs et pays : mort et transfiguration ? », *Vingtième Siècle. Revue d'histoire*, 2001, n°69, 2001, pp. 61-81.

[2] SEVINO Aldo, « La "marque territoriale protégée" au cœur de la stratégie touristique locale », *JCP A,* 18 Janvier 2016, n°2, 2008 : les collectivités développent en ce sens un véritable intérêt pour s'approprier les indications géographiques de leur territoire comme une marque territoriale protégée.

autres populations les spécificités propres à ce territoire, ses paysages particuliers et l'art de vivre qui y règne[3].

S'essayer à définir le pays nécessite de s'orienter vers plusieurs domaines de recherche étroitement liés au droit des collectivités territoriales tels que l'histoire, la géographie ou les sciences politiques. A cet égard, le sociologue Jean-Claude Chamboredon[4] note, dans un article s'intéressant au travail de Lucien Gallois sur les noms de pays, que la notion est notamment utilisée dans différents champs de recherche comme la sociologie rurale, l'ethnologie métropolitaine ou la géographie.

Le pays a par exemple été au cœur des questionnements relatifs à la cartographie, à la division spatiale des territoires et à l'étude des différentes unités territoriales. Il s'est également placé au sein des débats juridiques sur le périmètre des collectivités territoriales, le bon niveau d'administration et la recherche de la « bonne échelle ». En outre, la notion a également une place importante dans la « politique territoriale » et le marketing des collectivités locales, avec le développement d'une identité locale, marquée par la volonté de faire adhérer, ou de promouvoir l'adhésion, des citoyens à un espace donné.

---

[3] Un exemple de cette recherche d'authenticité se retrouve dans les travaux du cartographe et géomaticien AUSSAGUEL François, « L'Histoire au service du territoire de projet : l'exemple du Pays Cathare », *Treballs de la Societat Catalana de Geografia,* décembre 2012, n°74, pp. 199-218.

[4] CHAMBOREDON Jean-Claude, « Carte, désignations territoriales, sens commun géographique : les "noms de pays" selon Lucien Gallois », *Études rurales,* janvier-mars 1988, n°109, pp. 5-54.

Le pays, un sujet d'étude historique et géographique

La question de la délimitation des pays a, dans l'historiographie, suscité l'intérêt de géographes, notamment dans la deuxième partie du dix-neuvième siècle, et dans le premier quart du vingtième siècle[5], comme Paul Vidal de La Blache ou Lucien Gallois. Ce dernier s'est particulièrement intéressé à la notion de pays en adoptant le prisme de la « région naturelle » et a questionné le rôle de la cartographie et de la perception savante dans l'identification, l'appellation des territoires et dans la naissance d'une conscience collective autour de l'identité infra-régionale[6].

Dans son ouvrage *L'identité de la France*, l'historien Fernand Braudel souligne notamment que « chaque village, chaque vallée, a fortiori chaque "pays" – ces petites unités locales, pays de Bray, pays de Caux, etc. dont le nom dérive du *pagus* gaulois –, chaque ville, chaque région, chaque province ont leurs originalités nettes. Et pas seulement les particularités que signalent, de façon éclatante, les paysages et les multiples marques que l'homme y a ajoutées, mais aussi une culture vécue »[7].

Le pays renverrait alors à une unité naturelle, une constance qui aurait traversé l'histoire depuis la fin de l'Empire romain en gardant des spécificités malgré les découpages politiques et administratifs opérés.

---

[5] CHAMBOREDON Jean-Claude, *op. cit.*

[6] GALLOIS Lucien, *Régions naturelles et noms de pays. Étude sur la région parisienne*, 1908, Paris, Armand Colin, p. 2.

[7] BRAUDEL Fernand, *L'identité de la France,* Tome 1 Espace et histoire, 1986, Paris, Arthaud-Flammarion, p. 28.

C'est cette ancienneté que Lucien Gallois questionne en étudiant la notion de pays, pays qui, encore aujourd'hui dans la culture populaire et la langue, ont toujours une certaine aura.

Différents phénomènes, comme les divisions administratives ou la désignation des espaces par les géographes, ont eu des effets sur la nomenclature des territoires. Cette ancienneté des pays, cette immuabilité naturelle, n'est pas évidente et la désignation de « pays » est *in fine* variable dans le temps et malléable en fonction des déplacements, des échanges, des décisions politiques et du mode de vie de leurs habitants[8].

L'étude de l'appellation officielle des « pays » démontre aujourd'hui une distinction entre les territoires cherchant à puiser dans des considérations historico-naturelles, « Pays Barrois », « Pays de Thiérache », « Pays Soissonnais », « Pays de Gâtine » et les autres pays aux noms plus modernes, « Pays monts et barrages », « Cœur entre deux mers », « Pays des Lacs et petite montagne », « Pays Horloger »[9] dont l'appellation semble issue de la recherche d'un facteur commun fédérateur *a posteriori,* témoins de l'appropriation du territoire par ses habitants.

Marie-Vic Ozouf-Marignier souligne cette dualité lorsqu'elle évoque que jusque dans les années 1930, « pour les géographes, la monographie de pays demeure longtemps l'exercice par excellence (…). Elle permet en effet de conjuguer l'analyse des faits physiques et celles des faits humains, la prise en compte du passé et la mise en évidence des tendances présentes, et de dérouler la

---

[8] CHAMBOREDON Jean-Claude, *op. cit.*

[9] Données issues du « Réseau Pays » de l'Association nationale des pôles d'équilibre territoriaux et ruraux et des pays (ANPP).

chaîne de l'interdépendance des phénomènes »[10]. Le pays est ainsi un élément d'étude essentiel jusque dans l'entre-deux-guerres, époque où la problématique des nouvelles régions modernes et de la mutation des relations entre les territoires se développe.

Le facteur économique est également un élément clé dans la construction idéologique et historique du pays, au-delà de toutes considérations géologiques et configurations géographiques.

Selon Dominique Guillemet, « chaque ville du réseau urbain a défini dans la longue durée un "pays" d'une vingtaine de kilomètres de rayon autour d'elle, d'environ 1000 à 1500 km², où l'on pouvait aller et revenir en une journée de marche »[11].

La délimitation des pays s'est donc également bâtie, dans le temps, autour de la puissance marchande d'une ville centre, cœur des échanges économiques et fiscaux. En ce sens, de nombreux pays aujourd'hui portent d'ailleurs une appellation issue de la ville autour de laquelle ils se sont construits, telle que le Pays Avalonnais ou le Pays de Guingamp[12].

Toutefois, ces pays historiques, économiquement polarisés et bien identifiés ont été particulièrement touchés, à partir des années soixante, par la tertiarisation

[10] OZOUF-MARIGNIER Marie-Vic, « La monographie de "pays" : le conflit entre science leplaysienne et géographie autour d'un monopole (1890-1910) », *Revue d'Histoire des Sciences Humaines*, 2003, n° 9, pp. 13-35.

[11] GUILLEMET Dominique « La longue histoire des territoires », « Les Nouveaux territoires de Poitou-Charentes », *Cahiers de l'IAAT*, 1999, n° 3.

[12] « Réseau Pays » de l'ANPP.

des activités économiques, l'exode rural et le phénomène de périurbanisation[13].

Ce constat permet de souligner que les aspects social et économique sont, pour les pays, de véritables fondements qui peuvent faire évoluer leur pertinence, leur force et leur délimitation.

Le pays comme outil d'aménagement de l'espace

C'est à partir des années 1970 que la classe politique s'emploie à user de la notion de pays dans les discours et les débats relatifs aux politiques publiques. Cette époque est particulièrement marquée par une volonté de certains territoires de coopérer en matière d'aménagement.

Le décret n°70-487 du 8 juin 1970 créé par exemple les plans d'aménagement rural (PAR), qui ont pour objet de « définir les perspectives souhaitables du développement et de l'équipement des territoires à vocation rurale ».

Ces derniers sont, selon le décret, « normalement établis pour un territoire, ensemble de communes ou communes, dont les habitants sont ou peuvent être unis par une communauté d'intérêts économiques et sociaux et sur lequel des actions concertées ou coordonnées sont à prévoir. Le périmètre du territoire auquel s'applique le plan est déterminé et le plan est établi en considération de l'existence de localités susceptibles en raison notamment de leur situation, de l'importance de leur population et de leur pouvoir d'attraction, de constituer des centres en

[13] JEAN Yves, « Les "pays" en Poitou-Charentes : continuités et discontinuités » *in* CHAUVAUD Frédéric et PERET Jacques (dire.), *Terres marines, Etudes en hommage à Dominique Guillemet*, 2006, Rennes, Presses universitaires de Rennes, pp. 153-159.

fonction desquels une implantation des équipements et des services de nature à satisfaire les besoins de la population concernée pourra être réalisée ».

La planification est alors pensée sur le « territoire vécu » et non pas sur le seul périmètre administratif, en fonction des communes, cantons et départements. Les pouvoirs publics cherchent alors le périmètre le plus opportun pour les citoyens, celui dans lequel ils se déplacent, travaillent, bénéficient des services publics et des infrastructures.

En complément des PAR, l'Etat met en place, en 1975, les « contrats de pays », sorte d'outil financier des projets envisagés par les plans d'aménagement rural, qui permettent le financement des politiques publiques locales par la contractualisation entre l'Etat et un groupement de communes situées dans un territoire pertinent, « le pays » vécu. Les financements ont permis la mise en place d'une solidarité entre des communes présentant des liens historiques, culturels, afin de planifier les priorités pour le territoire et d'inciter éventuellement les communes à se regrouper dans des structures intercommunales prévues par la loi. La logique de ces contrats restant toutefois descendante, de l'Etat vers les collectivités, certaines communes, soucieuses de ne pas prendre part à l'intercommunalité officielle, par la création de syndicats ou de districts, ont néanmoins décidé à cette époque de se regrouper en association loi de 1901, formant les Pays associatifs.

Plus tard, l'article 29 de la loi n°83-8 du 7 janvier 1983 prévoit la possibilité pour les communes de créer des « chartes intercommunales de développement et d'aménagement », avec la même volonté de souplesse que les contrats de pays mais avec un fonctionnement différent. Paul Houée note en ce sens que « la charte est un processus qui part des acteurs locaux pour aller à la rencontre de la planification décentralisée »[14] avec une démarche ascendante, à l'initiative des acteurs locaux, et non plus descendante[15].

Le texte note que les « communes peuvent élaborer et approuver des chartes intercommunales de développement et d'aménagement qui définissent les perspectives à moyen terme de leur développement économique, social et culturel, déterminent les programmes d'action correspondants, précisent les conditions d'organisation et de fonctionnement des équipements et services publics ».

Partant du territoire, cette démarche permet aux acteurs locaux de se rassembler, là encore entre communes volontaires souhaitant coopérer entre-elles et pouvant présenter des liens historiques ou culturels, autour d'un territoire vécu et de projets collectifs.

L'objectif est ainsi que les acteurs locaux se sentent libres de s'associer, de façon plus souple qu'au sein d'une structure juridique, pour imaginer ensemble leur avenir, se coordonner et planifier le développement urbanistique, touristique ou social au sein d'un document.

Bernard Perrin note toutefois que « la coopération contractuelle qui comprend bien d'autres formules, qu'il s'agisse des conventions de développements ou des contrats de pays, a été trop souvent utilisée dans le dessin de recueillir des subventions susceptibles de financer des

---

[14] HOUEE Paul, *Les politiques de développement rural, des années de croissance au temps d'incertitude,* Paris, INRA Economica, 1989, p. 209.

[15] POULOT Monique « Aménagement du territoire, politiques industrielles et milieu rural », *POUR,* n°229, pp. 109-119.

projets dont le caractère intercommunal n'était pas toujours évident »[16].

Malgré ces critiques, ces formules souples de contrats de pays ou de chartes ont toutefois permis aux collectivités réticentes à la coopération intercommunale institutionnalisée, administrativisée, d'imaginer des projets ensembles et de se concerter, notamment dans un cadre associatif, portant les premières pierres du mouvement du développement local, définit par Jean-Louis Guigou comme « l'expression de la solidarité locale créatrice de nouvelles relations sociales [qui] manifeste la volonté des habitants d'une micro-région de valoriser les richesses locales, ce qui est créateur de développement économique »[17].

Ainsi, marquées par l'usage administratif du terme « pays », les années 70 et 80 le sont également par le développement d'une philosophie de coopération intercommunale en lien avec les acteurs locaux. L'importance du territoire vécu, du pays, est également affirmée dans la sphère politique et militante. Huguette Bouchardeau et Paul Tréguer dans *Pour que vivent les régions !*[18], publié en 1980, reprennent, par exemple, le slogan de la gauche ouvrière des années 1970 « Vivre et travailler au pays », pour y ajouter l'importance de la démocratie locale : « Vivre au pays implique : un emploi pour tous et toutes au pays ; des énergies alternatives au pays ; un développement économique plus autonome au

---

[16] PERRIN Bernard, *La coopération intercommunale,* 2005, Paris, Berger-Levrault.
[17] DENIEUIL Pierre-Noel, « Développement social, local et territorial : repères thématiques et bibliographiques sur le cas français », *Mondes en développement*, n°142, 2008, pp. 113-130.
[18] BOUCHARDEAU Huguette et TREGUER Paul, *Pour que vivent les régions !* 1980, Paris, Syros.

pays ; un réel pouvoir de décision au pays. Pour vivre et travailler au pays, il faut décider au pays »[19].

Le pays renvoie dès lors à un lieu de luttes locales et politiques, à un territoire aspirant à s'administrer librement, dans une France qui, en 1980, va bientôt connaître un mouvement conséquent de décentralisation[20].

Ainsi, quelques années après la création de la Délégation interministérielle à l'aménagement du territoire et à l'attractivité régionale (DATAR)[21], le pays devient, aux yeux des pouvoirs publics nationaux, une échelle d'administration qu'il faut appréhender dans les stratégies d'aménagement et de développement du territoire en milieu rural[22]. Le pays est considéré, en outre, comme un moyen de réduire l'émiettement communal. Son périmètre, supra-communal et infra-départemental, intéresse les autorités dans une France où la coopération intercommunale se concrétise essentiellement en milieu rural par la création de simples syndicats de gestion.

L'observation statistique est notamment utilisée dans la recherche d'une « échelle », d'un niveau d'administration

---

[19] KERNALEGENN Tudi, « Les gauches alternatives à la découverte des régions dans les années 1968 », *Revue historique*, 2018, n°685, pp. 147-166.

[20] En 1976, le rapport « Vivre Ensemble » d'Olivier Guichard était ambitieusement chargé « d'entreprendre une réflexion d'ensemble sur les conditions actuelles de l'exercice de l'autonomie des collectivités locales, en vue de les rendre capables de mieux affronter la fin du XXe siècle » comme le rapporte « La lettre du président de la République à M. Olivier Guichard », *Le Monde,* 28 novembre 1975.

[21] Décret n°63-112 du 14 février 1963 créant une délégation à l'aménagement du territoire et à l'action régionale et fixant les attributions du délégué.

[22] BLETON-RUGET Annie, BODINEAU Pierre et SYLVESTRE Jean-Pierre, *« Pays » et territoires : de Vidal de la Blache aux lois d'aménagement et de développement du territoire,* Dijon, EUD, 142 p.

pertinent : sont ainsi observés les déplacements entre le lieu de travail et le lieu de résidence, les lieux d'échanges commerciaux ou même les relations familiales[23] pour déterminer les habitudes des populations locales. L'Institut national de la statistique et des études économiques (INSEE) emploie en ce sens des dénominations comme celles de « bassins d'emploi », « bassins de vie » ou « bassins de chalandise »[24] pour analyser ces différents échanges.

L'ouest de la France est particulièrement étudié et devient un laboratoire d'expérimentation territoriale, la Bretagne étant « cloisonnée de longue date en pays fortement reconnus »[25]. Les missions régionales et les directions régionales de l'INSEE se chargent d'observer les territoires et de proposer des subdivisions territoriales aux services de l'Etat pour l'application de certaines politiques. Soutenus par l'Etat, un certain nombre d'élus de communes rurales situées en Bretagne ou en Poitou-Charentes se regroupent en pays, et de ce fait, rationalisent le cadre de l'action territoriale à travers la mise en place de projets de développement multisectoriels, conçus autour de stratégies liées au développement économique, au logement et à l'implantation de services publics[26].

Ces pays se concrétisent par des conventions, des chartes, des accords ou par la création de syndicats, mis en place par des communes volontaires et désireuses de

---

[23] LEMAITRE Thierry et LOEIZ Laurent, « Défense et illustration du pays », *Economie et statistique*, avril 1979, n°110, pp. 43-48.
[24] LEURQUIN Bernard, *La France et la politique de Pays*, 1997, Paris, Syros-CNFPT, p. 117.
[25] BAUDELLE Guy (dir.), *De l'intercommunalité au pays : les régions atlantiques entre traditions et projets,* 1995, La Tour d'Aigues, Editions de l'aube, p. 6.
[26] JEAN Yves, *op. cit.*

penser l'aménagement et l'exercice de leurs compétences de façon globale et transversale.

Cette forme de coopération intercommunale, qui se développe notamment dans l'ouest de la France en dehors de tout cadre juridique strict, est complétée par la loi de 1992 instaurant les communautés de communes[27]. Le législateur souhaite, en effet, que la coopération intercommunale en milieu rural se fasse dans des structures plus intégratrices et fédératrices, basées sur un système de fiscalité propre.

Si au 31 décembre 1994 sept cent cinquante-six communautés de communes se sont déjà formées[28], le pays reste un territoire plus vaste que la simple communauté de communes, avec une légitimité historique et sociale.

Il permet de fédérer les nouveaux établissements publics de coopération intercommunale à fiscalité propre (EPCI-FP), de nouer avec l'Etat, les régions et les départements un contact constant, et de porter des projets globaux, encouragés par les politiques européennes de Liaison entre actions de développement de l'économie rurale (LEADER) initiées en 1991[29].

Bernard Leurquin, conseiller du délégué à la DATAR entre 1993 et 1996, note en ce sens que la loi de 1992, malgré un examen quantitatif « largement positif » n'a pas

---

[27] Loi n° 92-125 du 6 février 1992 relative à l'administration territoriale de la République.

[28] VILLENEUVE Josseline, « Bilan de la loi du 6 février 1992 », *Direction générale des collectivités locales*.

[29] DIALLO Abdoul, DORE Gwénael et LEPICIER Denis, « Pays et intercommunalité, quelles conséquences de la réforme des collectivités territoriales ? », *Economie rurale,* 2014, n°344, pp 61-64.

« donné les résultats escomptés » au regard des objectifs de solidarité et de développement[30].

L'institutionnalisation législative du pays

C'est ainsi que le législateur décide d'étendre, dans le droit positif, par la loi du 4 février 1995 dite loi « Pasqua »[31], du nom du ministre de l'intérieur et de l'aménagement du territoire qui l'a portée sous le gouvernement d'Edouard Balladur, la notion de pays. L'institutionnalisation du pays doit permettre de « mobiliser les énergies » et de « trouver les motivations susceptibles de faire sauter les réticences psychologiques, structurelles et culturelles locales ayant mis un frein aux initiatives précédentes »[32]. Le législateur souhaite que la mise en place des pays, qui ont notamment été créés dans l'ouest de la France sous la forme associative, soit étendue sur le reste du territoire.

Le rapport du Sénat relatif à la loi de 1995 insiste notamment sur la double mission du pays, qui est à la fois une « réalité géographique et sociologique » devant permettre de développer la coopération intercommunale, et un « cadre pour l'adaptation de l'organisation administrative de l'Etat »[33].

Le rapport ajoute également que le pays est un territoire crucial pour créer un lien entre « l'espace rural et la ville-centre ou entre deux ou trois cantons » et donc un

---

[30] LEURQUIN Bernard, *op. cit.* p. 131.

[31] Loi n°95-115 du 4 février 1995 d'orientation pour l'aménagement et le développement du territoire.

[32] LEURQUIN Bernard, *op. cit.* p. 131.

[33] BELOT Claude, GIRAULT Jean-Marie et LARCHER Gérard, Rapport du Sénat sur la loi d'orientation pour l'aménagement et le développement du territoire, 1994, rapport n°35, tome I, p.74.

véritable outil pour le déploiement de « solidarités réciproques ».

Par cette loi, le législateur souhaite donc encourager le développement d'une intercommunalité intelligente, le pays, qui ne constitue pas un « échelon administratif supplémentaire »[34] mais un simple cadre de coordination et de réflexion autour d'un « projet commun de développement »[35]. C'est un cadre « d'impulsion, d'animation et de coordination », qui n'existe que par les « énergies et les organismes ou institutions publics et privés qu'il fédère autour d'un projet territorial commun »[36].

Selon Bernard Leurquin, le pays doit permettre aux communes de porter à la fois un projet de développement et un projet de services aux populations[37]. Il est en outre prévu par le texte que l'existence d'un pays, territoire présentant une « cohésion géographique, culturelle, économique ou sociale », doit être simplement constatée par la commission départementale de la coopération intercommunale[38] (CDCI).

---

[34] BELOT Claude, GIRAULT Jean-Marie et LARCHER Gérard, Rapport du Sénat sur la loi d'orientation pour l'aménagement et le développement du territoire, 1994, rapport n°35, tome II, p.94.

[35] Article 23 de la loi du 4 février 1995 d'orientation pour l'aménagement et le développement du territoire.

[36] DURON Philippe, Rapport fait au nom de la commission de la production et des échanges de l'Assemblée nationale sur le projet de loi n°1071 d'orientation pour l'aménagement et le développement durable du territoire et portant modification de la loi n° 95-115 du 4 février 1995 d'orientation pour l'aménagement et le développement du territoire, rapport n°1288, tome I, p.43.

[37] LEURQUIN Bernard, *op. cit.*, p. 24.

[38] Article 22 de la loi du 4 février 1995 d'orientation pour l'aménagement et le développement du territoire.

Contrairement à l'intercommunalité à fiscalité propre, le pays de la loi de 1995 est donc une structure souple qui n'a pas de cadre juridique imposé. Il peut ainsi se déployer sous la forme d'une association, d'un syndicat mixte ouvert ou fermé ou par le biais de conventions entre les communes.

Cette souplesse confirme que le pays, du fait de son histoire et son existence antérieure à la loi LOADT, est animé par un véritable esprit de liberté. C'est une philosophie plutôt qu'une structure juridique, une entente et une concertation entre les territoires plutôt qu'un cadre réglementaire strict. Le pays est le souhait des territoires d'entreprendre des discussions et de se concerter pour fédérer, à l'échelle d'un bassin de vie, des communes volontaires et déterminées.

Après que la loi de 1995 a ouvert une première phase d'expérimentation du pays sur le territoire, appelée « opération de préfiguration », l'Etat a généralisé sa politique et son volet financier en 1997 à l'ensemble des pays constatés[39].

L'importance des pays s'est ensuite confirmée par la loi Voynet de 1999[40] qui a rendu plus contraignante la création de pays mais a aussi ouvert le dispositif à des territoires « mixtes urbains et ruraux » et même

---

[39] LEURQUIN Bernard, *Pour une histoire des Pays, Archives commentées sur la Politique de Pays, 2ème partie, II,* 2010, Les cahiers de l'INDL, n°HS3. Un bilan de l'application de la loi d'orientation pour l'aménagement du territoire a été dressé dans un rapport du sénateur Jean François-Poncet, rapport n°475.

[40] Loi n° 99-533 du 25 juin 1999 d'orientation pour l'aménagement et le développement durable du territoire et portant modification de la loi n°95-115 du 4 février 1995 d'orientation pour l'aménagement et le développement du territoire.

« seulement urbains »[41]. La loi de 1999[42] a largement complété le texte de 1995 en comblant les nombreuses interrogations laissées par ses dispositions imprécises.

Elle s'est notamment intéressée à la coordination entre le pays et les EPCI-FP en disposant que le pays doit « respecter le périmètre des établissements de coopération intercommunale dotés d'une fiscalité propre » et que les communes membres d'un EPCI ne peuvent « appartenir à un pays que si celui-ci ne recoupe pas les mêmes compétences »[43].

Le représentant de l'Etat, la région concernée, les communes et leurs groupements doivent élaborer ensemble une charte de pays portant le projet commun de développement en concertation avec un nouvel acteur, le conseil de développement[44]. La mise en place de ce nouveau conseil au sein du pays fait sens avec la philosophie de ce territoire et permet de mobiliser les acteurs de la société civile, représentants d'associations, d'entreprises et citoyens, dans les grandes orientations qui guideront la politique des communes et intercommunalités.

Enfin, la loi impose la forme du groupement d'intérêt public de développement local (GIPDL) ou du syndicat

---

[41] Rapport n°1288, *op. cit.*,. En outre, l'article 2 de la loi LOADDT de 1999 rappelle que le développement local se fonde sur la « complémentarité et la solidarité des territoires ruraux et urbains », le pays visant, selon l'article 25 de la loi, à « renforcer les solidarités réciproques entre la ville et l'espace rural ».

[42] La loi est complétée par le décret n°2000-909 du 19 septembre 2000 relatif aux pays et portant application de l'article 22 de la loi n° 95-115 du 4 février 1995 modifiée d'orientation pour l'aménagement et le développement du territoire.

[43] Article 25 de la loi de 1999 d'orientation pour l'aménagement et le développement durable du territoire.

[44] I*bid.*

mixte pour le pays si celui-ci souhaite contractualiser avec la région, le département ou l'Etat[45], afin d'améliorer la transparence financière du dispositif et de garantir le respect de la comptabilité publique.

Le pays des historiens et des géographes, fondé sur des considérations culturelles, patrimoniales, historiques ou naturelles, est ainsi utilisé dans le droit positif pour encourager et accompagner l'émergence de l'intercommunalité et la rationalisation communale.

Chargé d'une force doctrinale et symbolique, le pays permet à l'Etat de légitimer ses politiques contractuelles et de planification. Nicolas Portier, ancien conseiller à la DATAR, note en ce sens que « de fait, en cherchant à épouser des territoires "vécus", davantage constatés que décrétés, et en stimulant la constitution progressive de communautés locales organisées, mêlant des personnes morales de statuts distincts dans un cadre de concertation et de projets, la reconnaissance des Pays modifie en profondeur les pratiques administratives héritées de notre tradition jacobine »[46]. C'est ce que confirme également le Professeur Jean-Luc Pissaloux lorsqu'il évoque la volonté de l'Etat, dans les années 1990, de mieux « prendre en compte les « territoires vécus »[47].

---

[45] *Ibid.*

[46] PORTIER Nicolas, « Préface » *in* ARLAUD Samuel et PERIGORD Michel (dir.), « Pays » et développement local. Logique et ambiguïté d'une politique des territoires », *Norois*, 1999, n°181, pp. 5-8.

[47] CONNETABLE Fabien et PISSALOUX Jean-Luc « Pays et intercommunalités : la coopération locale au service d'un territoire », *Cahiers de droit de l'intercommunalité 2008*, n°3, p. 11.

Réforme des collectivités territoriales et pays : un outil critiqué

Si les pays couvrent dès 2003 la quasi-totalité du territoire métropolitain, outre les grandes zones urbaines, ils sont, en 2010, trois cent cinquante-cinq[48]. Cette réussite quantitative, largement encouragée par les politiques de l'Etat à travers les contrats de plans Etat-région (CPER), est cependant discutée par plusieurs acteurs et cela sur différents aspects.

En 2006, le rapport « quel avenir pour le pays ? »[49] met par exemple en garde « contre des dérives contraires à l'esprit et à la vocation du pays »[50], suscitant pour certains les « plus vives inquiétudes s'il devait devenir un échelon administratif supplémentaire, une pompe à compétences venant se substituer aux échelons traditionnels et démocratiques »[51]. Si le rapport rappelle que le pays est un territoire de projet et non pas un « échelon d'administration territoriale »[52] qui ne bénéficie pas « de compétences légales »[53], il est noté que « l'imprécision des rôles, des méthodes, et des financements engendre des doutes, des craintes voire des oppositions ». Jacqueline Gourault, alors sénatrice du Loir-et-Cher, souligne en ce sens que les pays ne doivent « en aucun cas, constituer une

---

[48] DORE Gwénaël, « Le Pays, un singulier pluriel », *POUR*, 2011, n°209-210, pp. 89-102.
[49] FOUCHE Alain, Rapport d'information fait au nom de la délégation du Sénat à l'aménagement et au développement durable du territoire sur l'avenir des pays, 28 juin 2006, rapport n°430.
[50] *Ibid,* p. 3.
[51] *Ibid,* audition de Gérard Le Cam, Sénateur des Côtes d'Armor, p. 12.
[52] *Ibid,* audition de Dominique Voynet, ministre de l'Aménagement du territoire et de l'environnement, p. 18.
[53] *Ibid,* audition de François Salzgeber, Responsable du service aux territoires, à Entreprises Territoires et Développement (ETD) p. 37.

superstructure par rapport aux intercommunalités »[54]. Les élus démontrent enfin que le pays est « un outil d'appui technique qui se voit chargé de missions plutôt qu'investi de compétences. Tout le problème est de déterminer la nature de ces missions »[55].

Un rapport de 2008 a également confirmé la complexification amenée par le pays, côtoyant dans le paysage français parcs naturels régionaux ou syndicats mixtes portant des schémas de cohérence territoriale[56].

Déjà, en 1998, l'institutionnalisation du pays inquiétait les élus départementaux, qui voyaient en ce nouveau territoire un moyen « d'éclipser à terme une collectivité territoriale telle que le département »[57], encourageant ceux-ci à dialoguer avec les nombreuses communautés de communes du territoire plutôt qu'avec les pays. Cette méfiance des conseillers généraux de l'époque se retrouve par ailleurs dans des articles de presse s'inquiétant de la loi Voynet et de ses conséquences pour les cantons ainsi que les départements[58].

---

[54] Audition de Jacqueline Gourault, sénatrice du Loir-et-Cher, *op.cit.* p. 56.

[55] François Salzgeber, *op.cit.*, p. 37.

[56] QUENTIN Didier et URVOAS Jean-Jacques, Rapport d'information fait par la commission des lois constitutionnelles, de la législation et de l'administration générale de la République de l'Assemblée nationale sur la clarification des compétences des collectivités territoriales, 8 octobre 2008, rapport n°1153.

[57] Compte rendu n° 15 de la commission de la production et des échanges, mercredi 18 novembre 1998 (séance de 17 heures), intervention de Félix Leyzour, député des Côtes-d'Armor.

[58] BESSET Jean-Paul, « L'émergence des « pays » bouscule les départements, *Le Monde,* 26 mars 1999. Les pays sont en outre vus comme des « instruments de la montée en puissance du rôle des régions ».

Face à ces constats, et plus de dix ans après l'institutionnalisation du pays, la loi de réforme des collectivités territoriales de 2010 décide d'abroger son régime juridique[59], le président de l'époque étant lui-même favorable à une telle mesure[60]. Pour la justifier, l'étude d'impact de la loi note que les « pays ne sont pas parvenus à rationaliser l'organisation territoriale. La diversité juridique a, au contraire, entraîné ainsi que l'a relevée la Cour des comptes dans son rapport de novembre 2005[61], une « segmentation de la politique de l'aménagement de l'espace »[62]. En outre, le pays aurait participé à une superposition des structures et à un modèle peu transparent et inégal sur le territoire avec des constructions parfois fictives et artificielles de pays.

Par ailleurs, l'étude d'impact ajoute que le pays est devenu un « troisième niveau d'administration locale encore plus éloigné du citoyen »[63]. Lorsque celui-ci prend la forme d'un syndicat mixte, les communautés procèdent à un « transfert "en cascade" de compétences reçues de [leurs] communes membres », incitant les syndicats à « dépasser leurs compétences ». Dans le cadre du pays

---

[59] Loi n° 2010-1563 du 16 décembre 2010 de réforme des collectivités territoriales.

[60] DORE Gwénael, « Les pays face aux nouveaux défis de l'intégration intercommunale », *POUR,* 2011, n°209, pp. 79 à 87. Lors d'un discours en 2007 à Saint-Dié des Vosges, Nicolas Sarkozy a souligné « Nous proposons de supprimer les Pays qui sont une feuille de plus dans le fameux millefeuille et qui ont entraîné aussi de nouvelles structures, de nouveaux moyens, de nouveaux emplois publics. Les projets qu'ils mettent en œuvre peuvent trouver leur place dans les structures classiques de l'intercommunalité »

[61] Rapport « l'intercommunalité en France » de la Cour des comptes, 14 novembre 2005. Ce constat a été confirmé par la Cour des comptes dans un rapport de 2009 sur l'intercommunalité.

[62] Etude d'impact du projet de loi de réforme des collectivités territoriales, déposée au Sénat le 21 octobre 2009.

[63] *Ibid.*

associatif, il est également souligné que ces « structures ne sont pas habilitées à assurer la maîtrise d'ouvrage des actions des contrats publics (portage des emplois et des financements publics) ». L'étude estime ainsi que le pays aurait accentué une illisibilité des échelons territoriaux en se superposant aux communes, aux EPCI-FP, aux parcs naturels régionaux (PNR), aux syndicats porteurs d'un SCoT et aux périmètres des contrats de ville. Dès lors, le texte conclut que « si les pays ont correspondu à un certain besoin de concertation et de coordination au niveau local à une époque, le développement de l'intercommunalité ne rend plus indispensable le développement de telles structures »[64].

Le pôle d'équilibre territorial et rural : une renaissance du pays ?

Si la loi de 2010 abroge l'article 22 de la loi de 1995, le pays ne disparait que sous sa forme institutionnalisée comme une catégorie juridique à part entière. L'abrogation vise à ne plus encourager la constitution de pays à l'avenir et à inciter un certain nombre d'entre eux à devenir des intercommunalités à fiscalité propre à une plus grande échelle.

Les arguments ayant conduit à son retrait officiel des textes ne sont pas tous justifiés et conduisent, pour un certain nombre, à se méprendre sur les objectifs du pays. L'étude d'impact précédemment citée, en concluant que l'intercommunalité ne rend « plus indispensable » le développement des pays, conduit à comparer de façon lacunaire deux outils totalement différents aux objectifs, ambitions et moyens distincts.

[64] Etude d'impact du projet de loi RCT, *op. cit.*

Néanmoins, aucune restriction n'interdit aux territoires qui le souhaitent de faire perdurer l'esprit du pays par la création d'associations ou de syndicat, la planification de réunions informelles entre les élus et les acteurs de la société civile de plusieurs communes, la réflexion sur des projets supra-communautaires ou par la mise en place de conventions, comme cela était possible avant 1995.

La disparition « juridique » du pays apparaît dès lors comme un geste politique visant à médiatiser le souhait de l'Etat d'élargir le périmètre des EPCI-FP et de mettre en place une prétendue rationalisation de l'organisation du territoire ainsi qu'une meilleure gestion des deniers publics.

Symbolique, cette disparition emporte néanmoins certaines conséquences, notamment sur la pérennité des relations entre les pays existants, l'Etat, les départements et les régions dans l'attribution des fonds et des programmes financiers.

Aussi, elle a conduit certains élus à militer pour le retour d'un fondement juridique du pays dans le droit français, ce qui est discuté lors de l'élaboration de la loi du 27 janvier 2014[65], notamment sous l'influence de Raymond Vall, sénateur du Gers et président de l'Association de promotion et de Fédération des Pays[66].

D'abord nommé « pôle rural d'aménagement et de coopération », puis « pôle d'équilibre et de coordination territoriale » ou « pôle rural d'équilibre et de solidarité territoriale », le dispositif du « pôle d'équilibre territorial

---

[65] Loi n° 2014-58 du 27 janvier 2014 de modernisation de l'action publique territoriale et d'affirmation des métropoles.
[66] Association pour la Fondation des pays (APFP) qui deviendra ensuite l'Association nationale des pôles d'équilibre territoriaux et ruraux et des pays (ANPP).

et rural » (PETR) est introduit dans la loi et adopté par les parlementaires.

Il doit permettre aux EPCI-FP, notamment dans les zones rurales, de s'associer, de coordonner leurs actions et de soutenir des projets, en lien avec les politiques nationales et régionales, avec une place importante accordée à la société civile[67].

L'apparente résurgence du pays sous la forme du PETR amène aujourd'hui, sept ans après la loi MAPTAM, à s'interroger sur la place du dispositif dans notre schéma institutionnel.

Elle invite en ce sens à se questionner sur la pertinence d'un tel outil face aux politiques étatiques et législatives en matière d'intercommunalité à fiscalité propre et à se demander si le PETR ne conduit pas à complexifier ou à rendre illisibles les actions locales.

En outre, ce prétendu renouveau du pays appelle à étudier les rapports entre les PETR, les régions et les départements mais aussi entre les membres mêmes du groupement afin de relever les multiples dynamiques exercées en son sein. Il conduit par ailleurs à se questionner sur la légitimité d'un tel groupement, à la lumière du rôle du citoyen et de la société civile, mais aussi de la place de la commune, collectivité territoriale, au cœur du dispositif.

De plus, les spécificités du PETR en matière d'ingénierie et de coordination ainsi que les pratiques de

[67] DUSSOPT Olivier, Rapport fait au nom de la commission des lois constitutionnelles, de la législation et de l'administration générale de la République de l'Assemblée nationale sur le projet de loi n°1407 de modernisation de l'action publique territoriale et d'affirmation des métropoles, 27 novembre 2013.

ce dernier devront faire l'objet d'un examen approfondi afin de déterminer la place concrète et l'opportunité de ses activités sur le territoire et notamment dans les zones rurales.

La question de l'échelle pertinente pour une « bonne administration, » et celle du périmètre adéquat pour mener les politiques des collectivités territoriales alimentera notre réflexion sur les contours du PETR dans une France aux régions élargies[68].

Enfin, le rôle du PETR sera spécifiquement analysé sous le prisme des notions de territorialisation et de différenciation en vue d'appréhender ses singularités en comparaison aux intercommunalités.

Dès lors, la présente étude nous conduira à nous demander si le PETR constitue aujourd'hui un instrument juridiquement pertinent pour mettre en œuvre la « politique de pays » ou s'il peut être assimilé à un nouvel échelon administratif.

Nous nous intéresserons tout d'abord à la structure juridique du PETR, à l'outil en lui-même, aux dispositions juridiques qui l'encadrent et à sa place pour promouvoir une coopération supra-communautaire différenciée sur le territoire (partie 1). Cette réflexion nous conduira ensuite à observer avec précision le contenu et la mise en œuvre du projet de territoire du PETR, notion fondamentale dans la philosophie du pays (partie 2).

---

[68] Loi n° 2015-29 du 16 janvier 2015 relative à la délimitation des régions, aux élections régionales et départementales et modifiant le calendrier électoral. Cette loi a modifié les périmètres des régions, désormais au nombre de douze sur le territoire métropolitain, treize avec la Corse, collectivité territoriale à statut particulier.

Partie 1

Le PETR ou la nouvelle standardisation du pays par un outil de coopération supra-communautaire propice à la diversité territoriale

La création du pôle d'équilibre territorial et rural par le législateur lors de l'examen de la loi MAPTAM témoigne de la volonté d'un certain nombre d'élus de rétablir le « pays » dans le droit positif. En effet, si les parlementaires sont les représentants de la nation, ils sont toutefois nombreux à avoir été titulaires de mandats locaux et à avoir défendu, au niveau communal, la création de pays ou la fédération d'intercommunalités autour de leur philosophie.

Sous un acronyme moins connoté mais beaucoup plus bureaucratique, le PETR vise, comme les pays, à « donner aux collectivités la taille critique pour disposer d'une ingénierie et obtenir des crédits européens »[69], selon les mots du sénateur du Nord René Vandierendonck.

Codifiées, les dispositions relatives au PETR se situent dans la cinquième partie du code général des collectivités territoriales relative à la « coopération locale » au livre VII intitulé « syndicat mixte ». Au nombre de cinq[70], celles-ci structurent le régime juridique du PETR en deux grands aspects : d'abord, elles le consacrent comme un syndicat mixte fermé, enfermant le « pays » institutionnalisé dans une unique forme de fédération (Chapitre 1). Ensuite, elles façonnent ses missions autour d'un projet de territoire et le formalisent au sein du CGCT, projet de territoire qui constituait par essence le cœur des pays (Chapitre 2).

---

[69] HYEST Jean-Jacques et VANDIERENDONCK René, Rapport fait au nom de la commission des lois constitutionnelles, de législation du suffrage universel, du Règlement et d'administration générale du Sénat sur le projet de loi portant nouvelle organisation territoire de la République, 10 décembre 2014, rapport n°174, p. 268.

[70] Articles L.5741-1 à L.5741-5 du Code général des collectivités territoriales.

Chapitre 1 - Le syndicat mixte, un outil de coopération strictement défini : le pays « encadré »

L'article L.5741-1 du CGCT prévoit en son deuxièmement que le « pôle d'équilibre territorial et rural « est soumis aux règles applicables aux syndicats mixtes prévus à l'article L.5711-1, sous réserve du présent article ». Par ce renvoi, le législateur rapproche ainsi le PETR du régime du syndicat mixte fermé, le PETR ne pouvant être constitué que par des établissements publics de coopération intercommunale à fiscalité propre. La philosophie du « pays » est ainsi encadrée par un régime juridique particulier (section 1), éloigné de la souplesse initiale du pays (section 2).

Section 1 - La « syndicalisation » du pays : un carcan juridiquement familier et strictement établi

Régi par les règles du syndicat mixte fermé, le pôle d'équilibre territorial et rural est une nouvelle catégorie d'établissement public encourageant la coopération entre intercommunalités mais vêtu d'un manteau juridique bien connu du droit public français (§1).

La structure du PETR, explicitement définie par le code, témoigne de la volonté du législateur d'encadrer ce nouveau « pays » ainsi que les relations entre ses différents organes internes strictement formalisées, réduisant par conséquence sa liberté statutaire (§2).

§1 - La création d'un nouvel établissement public sans fiscalité propre

A titre liminaire, il peut être souligné que le PETR est considéré par le législateur comme un « groupement de collectivités territoriales »[71] mais pas comme un établissement public de coopération intercommunale, catégorie formée selon la loi par les syndicats de communes et les établissements à fiscalité propre que sont les communautés de communes, les communautés urbaines, les communautés d'agglomération et les métropoles[72].

Cette nomenclature législative apparaît comme peu satisfaisante sur plusieurs aspects. En effet, le PETR ne peut regrouper que des EPCI à fiscalité propre. Ceux-ci ne sont pas des « collectivités territoriales »[73] mais des groupements de communes. La dénomination de la catégorie « groupement de collectivités territoriales », qui inclut le PETR, est donc constitutionnellement inexacte. Il pourrait être démontré que ce raisonnement légistique est limité, puisque les EPCI à fiscalité propre sont constitués pour représenter la communauté d'intérêts de leurs communes membres, qui sont, elles, des collectivités

[71] L'article L.5111-1 du CGCT dispose que « forment la catégorie des groupements de collectivités territoriales les établissements publics de coopération intercommunale et les syndicats mixtes, mentionnés aux articles L. 5711-1 et L. 5721-8, les pôles métropolitains, les pôles d'équilibre territoriaux et ruraux, les agences départementales, les institutions ou organismes interdépartementaux et les ententes interrégionales ».

[72] Article L.5210-1-1 A du CGCT.

[73] « Les collectivités territoriales de la République sont les communes, les départements, les régions, les collectivités à statut particulier et les collectivités d'outre-mer régies par l'article 74 » selon l'article 72 de la Constitution de la Vème République.

territoriales[74]. En ce sens, le PETR représenterait, à travers ses EPCI membres, les communes et serait donc bien un groupement de « collectivités territoriales ». Toutefois, si l'on inverse ce syllogisme, on comprend mal pourquoi les PETR ne sont pas des établissements publics de coopération intercommunale, ceux-ci fédérant, pour le compte des communes de leur périmètre, leurs intercommunalités. Dès lors, il apparaît que le PETR est bien par nature un établissement public[75], permettant de mettre en œuvre une coopération intercommunale mais dont l'objet est de faciliter la coopération entre les EPCI-FP qui le composent. Pour être plus exact, on pourrait définir le PETR comme un « EPCI d'EPCI » ou comme un outil de coopération inter-intercommunale, supra-intercommunale voire supra-communautaire.

Pourvu d'une personnalité juridique, le PETR est, comme tout syndicat mixte, un établissement public dénué de toute fiscalité propre. Il a en effet été exclu, à l'instar des pays, que le pôle puisse être titulaire d'une telle prérogative, celle-ci étant réservée aux intercommunalités[76]. Le PETR est, pareillement aux

---

[74] *A contrario,* des chambres de commerce et d'industrie territoriales, d'agriculture, de métiers et d'autres établissements publics peuvent être membres de syndicats mixtes ouverts qui ne sont pas des collectivités territoriales. Pourtant, le syndicat mixte est considéré comme un groupement de collectivités territoriales.

[75] Article L.5741-1 du CGCT « Le pôle d'équilibre territorial et rural est un établissement public (…) ».

[76] MARCOU Gérard, « Les relations entre collectivités territoriales : aspects de droit comparé », pp. 31-45 *in* CAUDAL Sylvie et ROBBE François, *Les relations entre collectivités territoriales*, 2005, Paris, L'Harmattan. A ce propos, Gérard Marcou soulignait la spécificité de la France dans l'exercice du pouvoir fiscal par les intercommunalités dès lors que celles-ci ne disposent d'aucune légitimité démocratique, les conseillers n'étant pas élus, en 2005, au suffrage direct. Depuis la loi n° 2013-403 du 17 mai 2013 relative à l'élection des conseillers départementaux, des conseillers municipaux et des conseillers

syndicats mixtes, contraint par deux grandes règles à savoir le principe de spécialité et le principe d'exclusivité.

D'une part, il ne « peut se livrer à des activités excédant le cadre des missions qui lui ont été assignées par les textes qui l'ont institué »[77] ou par ses statuts[78] et son action doit s'inscrire dans le périmètre géographique dans lequel il a été institué.

D'autre part, les compétences ou missions qui lui ont été transférées ne peuvent plus être exercées par les entités membres. En outre, le principe d'exclusivité se traduit également par l'impossibilité pour les EPCI-FP d'appartenir à plus d'un PETR, cette « clause légale d'exclusivité »[79] imposant aux EPCI membres de l'établissement public supra-communautaire de coopérer de manière renforcée entre eux avant de s'ouvrir aux autres. Les EPCI formant le PETR sont ainsi invités à partager des projets et à développer des intérêts communs, et voire, comme nous le verrons, à fusionner[80].

Outre ces considérations générales, le régime juridique du PETR, posé par l'article L.5741-1, arrête également plusieurs modalités précises dans la création de l'établissement public. Celui-ci doit s'inscrire dans un périmètre d'un seul tenant et sans enclave, ce qui n'était

---

communautaires, et modifiant le calendrier électoral, les élus communautaires sont élus au même moment que les élus municipaux, cette démocratisation n'étant toutefois pas totalement aboutie.

[77] CE, 3 déc. 1993, n° 139021, Association de sauvegarde du site Alma Champ de Mars.

[78] LE CHATELIER Gilles et REY Simon, « Rédiger les statuts d'un syndicat : gouvernance, compétences et fonctionnement à la carte », *AJCT*, juin 2018, n°6, p. 303.

[79] DERDAELE Elodie, « Les PETR : cuisine et dépendances d'une réforme territoriale méconnue », *Civitas Europa,* 2015, n°35, pp. 139-160.

[80] Article L.5741-5 du CGCT.

pas exigé par la politique du pays, et sa création doit être approuvée par le représentant de l'Etat dans le département, après délibérations concordantes des établissements publics de coopération intercommunale à fiscalité propre et consultation de la commission départementale de la coopération intercommunale (CDCI)[81]. Il est ainsi nécessaire que les intercommunalités soient unanimement volontaires pour devenir membres du PETR, ce qui correspond à la philosophie de coopération intentionnelle du pays[82], l'article L.5741-1 rappelant lui-même que le PETR est « constitué par accord » des EPCI membres.

Enfin, comme pour les EPCI à fiscalité propre, les PETR sont régis par des statuts, librement élaborés dans le respect de certaines règles de forme[83] et de fond, telles que les dispositions législatives relatives aux syndicats mixtes fermés ou celles imposant la création d'organes particuliers au sein du PETR.

§2 - Une entité aux organes formellement définis par le CGCT

Le pôle d'équilibre territorial et rural est obligatoirement composé de trois structures : le conseil syndical, comme mentionné plus haut, du fait de la forme que prend le PETR, la conférence des maires[84] ainsi que le

---

[81] Article L.5211-45 du CGCT.

[82] Article 25 de la loi Voynet, « il peut être reconnu à l'initiative de communes ou de leurs groupements comme ayant vocation à former un pays ».

[83] Article L.5211-5-1 du CGCT : il doit y avoir la mention obligatoire de la liste des membres, du lieu du siège, de la durée, des compétences transférées.

[84] III de l'article L.5741-1 du CGCT.

conseil de développement territorial[85], des organes « trop formalisés », lorsqu'on les compare à la souplesse initiale du pays selon la Professeure Hélène Pauliat[86].

Concernant tout d'abord le conseil syndical, l'article L.5741-1 précise que les sièges des délégués doivent prendre en compte le poids démographique des membres, chaque intercommunalité devant avoir au moins un siège au sein de l'organe délibérant du PETR. Ces membres sont nommés par chaque EPCI en fonction du nombre de sièges attribués à chacun, les délégués syndicaux étant ainsi des élus communautaires.

Le conseil de développement n'est pas une innovation de la loi MAPTAM : en effet, la loi LOADDT prévoyait déjà un conseil de développement « librement » organisé[87], qui était associé à l'élaboration de la charte et informé, au moins une fois par an, des activités mises en place par les maîtres d'ouvrage dans la concrétisation du projet territorial. Cette entité du PETR réunit les acteurs économiques, sociaux, culturels, éducatifs, scientifiques et associatifs qui agissent dans le périmètre géographique du pôle. Ils permettent, en principe, d'instaurer un dialogue citoyen entre le bureau du PETR, c'est-à-dire son président et ses vice-présidents[88], et l'organe délibérant, à savoir le conseil syndical. La volonté du législateur est de donner au conseil de développement un véritable rôle dans l'organisation des débats publics ou de la concertation de

[85] IV de l'article L.5741-1 du CGCT.

[86] PAULIAT Hélène, « Le pays est mort… vive le pôle d'équilibre territorial et rural ! », *JCP A*, février 2014, n°8, p. 2.

[87] Article 25 de la loi Voynet de 1999.

[88] Bureau comparable à une commission permanente du conseil régional ou départemental. BARTMANN Luc « Le bureau des établissements publics de coopération intercommunale », *RLCT*, décembre 2008, 64.

la société civile en mobilisant les acteurs du territoire[89]. Les dispositions relatives au conseil de développement du PETR sont également complétées par des dispositions de droit commun, le conseil de développement étant obligatoire pour tous les EPCI-FP de plus de 50.000 habitants[90]. Le code général des collectivités territoriales le définit ainsi comme un organe consultatif, qui peut être saisi dans trois cas de figure : l'élaboration et le suivi du projet de territoire, la délivrance d'avis relatifs aux documents de planification mais aussi l'évaluation des politiques publiques en matière de développement durable[91]. Enfin, l'article L.5741-1 du CGCT ajoute que celui-ci peut être saisi par le PETR pour toute question « d'intérêt territorial ».

Aussi, la réutilisation du conseil de développement témoigne de la volonté du législateur d'insuffler la philosophie du pays au sein des PETR, le « primat de la mobilisation partenariale dans la politique des pays » apparaissant comme un modèle « en matière de postmodernité territoriale »[92]. En laissant chaque pôle organiser le conseil comme il le souhaite dans ses statuts et son règlement intérieur, le législateur a donc renoué avec l'esprit du pays dans sa politique de coopération supra-communautaire. Toutefois, cette souplesse ne doit pas en faire en pratique une coquille vide peu sollicitée.

---

89 Il existe depuis 2003 une association de « Coordination nationale des conseils de développement ».

90 La loi NOTRe de 2015 avait imposé le conseil de développement pour les EPCI-FP de plus de 20.000 habitants, tandis que la loi engagement et proximité de 2019 a rehaussé le seuil à 50.000 habitants.

91 Article L.5211-10-1 du code général des collectivités territoriales.

92 ANTHEAUME Benoît et GIRAUT Frédéric (dirs.), *Le territoire est mort, vive les territoires ! Une (re)fabrication au nom du développement*, 2005, Marseille, IRD Editions, p. 19.

La conférence des maires est quant à elle un nouvel outil, lui aussi consultatif, institué par la loi MAPTAM, création dont la nature peut surprendre. Comme le souligne Hélène Pauliat, cette entité consiste à « réintégrer les communes dans un dispositif censé se situer clairement au niveau des regroupements intercommunaux »[93]. En effet, si le PETR doit permettre de fédérer les intercommunalités, l'échelon communal apparaît comme une individualité éloignée des considérations intégratrices du PETR qui porte un projet de territoire global et transversal. La réunion de l'ensemble des maires, qui doit se tenir au moins une fois par an et lors de l'élaboration ou la modification du projet de territoire, pourrait alors être l'occasion pour l'exécutif communal de faire remonter des intérêts communaux individuels qui viendraient parasiter l'entreprise stratégique du PETR[94]. A titre d'illustration, la conférence des maires du Pays du Grand Libournais réunit à elle seule le nombre considérable de 136 maires[95]. *A contrario,* le dispositif pourrait permettre de légitimer le PETR en le rapprochant du maire, représentant le plus proche du citoyen et élu au suffrage direct. Il permettrait également de faire revenir le maire dans ce schéma de coopération intercommunale, nombreux étant les maires qui ont créé des pays sans l'intermédiaire des EPCI-FP avant cette « intercommunalisation » du pays. Toutefois, ces considérations sont à nuancer tant l'institutionnalisation du PETR est peu connue par les maires eux-mêmes, l'adjoint au maire de Castelnau d'Estrétefonds et Professeur de finances publiques à l'université Toulouse-Capitole témoignant « on trouve

---

[93] PAULIAT Hélène, *op. cit.*

[94] TAILLEFAIT Antony, « Les pôles métropolitains et les pôles d'équilibre territoriaux et ruraux », *AJDA*, 2014, n°11, p. 626.

[95] Les statuts dudit PETR, approuvés le 12 décembre 2016, témoignent de l'étendue du PETR réunissant cinq intercommunalités.

souvent la référence à cette idée de l'empilement des structures. La vie d'élu permet de le constater réellement. Ainsi les deux premiers conseils municipaux ont-ils été consacrés à la nomination de représentants communaux dans divers syndicats et organisations diverses (...). On découvre lorsque l'on est élu de structures telles que le pôle d'équilibre territorial et rural (PETR) issu de la loi de Modernisation de l'Action Publique et d'Affirmation des Métropoles du 27 janvier 2014 »[96].

Enfin, le PETR doit également être composé par des instances de droit commun telles que la commission consultative des services publics locaux[97] ou la commission d'appel d'offres[98].

La loi MAPTAM a donc conditionné la création de nouveaux « pays » par l'adoption de la forme du PETR moulée dans les règles applicables aux syndicats mixtes. Elle a également imposé au PETR la mise en place de certaines instances, organes internes qui sont néanmoins les témoins d'une volonté d'ouvrir la coopération au sein même du PETR à la société civile et à l'ensemble des exécutifs communaux. Toutefois, cette ouverture du PETR vers les autres est limitée par le choix d'imposer la formule du syndicat mixte fermé au lieu du syndicat mixte ouvert.

---

[96] DUSSART Vincent, « Témoignage : professeur de finances publiques et adjoint au maire », *Gestion & Finances Publiques*, 2020, n° 5, pp. 77-80.

[97] Article L.1413-1 du CGCT « les syndicats mixtes comprenant au moins une commune de plus de 10 000 habitants créent une commission consultative des services publics locaux pour l'ensemble des services publics qu'ils confient à un tiers par convention de délégation de service public ou qu'ils exploitent en régie dotée de l'autonomie financière »

[98] Article L.1411-5 du CGCT.

Section 2 - La résolution paradoxale de regrouper les pays sous une même identité juridique : une rationalisation impossible ?

Le retour du pays dans le paysage institutionnel français par la création du PETR est marqué par une double conséquence. Dans un premier temps, cette institutionnalisation conduit à ajouter un nouvel outil et à superposer les structures de coopération (§1). Dans un second temps, le choix du syndicat mixte fermé conduit à écarter les autres collectivités du modèle de l'ancien « pays » sans lui permettre d'atteindre la plus grande souplesse du modèle du pôle métropolitain (§2).

§1 - La laborieuse ré-institutionnalisation des pays en PETR, actrice d'une illisibilité territoriale

Alors que l'extinction anticipée des pays a été actée par la loi RCT de 2010, celle-ci n'a pas été analysée par la doctrine comme « la rupture annoncée engageant une refondation de la décentralisation »[99]. En effet, les multiples structures du millefeuille territorial sont conservées comme le souligne le professeur Jean-Luc Pissaloux et Maître Didier Supplisson, ce qui perdure le fractionnement des échelons de prises de décisions[100]. Le chercheur Emmanuel Négrier emprunte même

[99] PISSALOUX Jean-Luc et SUPPLISSON Didier « La réforme inachevée des collectivités territoriales », *Revue française d'administration publique,* 2011, n° 137-138, p. 229-237.

[100] DEPRAZ Samuel, « Chapitre 2. Les politiques publiques en faveur des marges » *in* DEPRAZ Samuel (dir.), *La France des marges. Géographie des espaces « autres »,* 2017, Malakoff, Armand Colin, §67.

l'expression de « serpent à la crème »[101] pour qualifier la réforme qui reprend les mêmes enjeux que les lois précédentes comme la rationalisation des compétences, le détricotage du millefeuille territorial ou l'optimisation du maillage des collectivités[102], enjeux qui seront, eux aussi, réaffirmés dans les discours politiques et les rapports parlementaires postérieurs.

En premier lieu, la volonté d'abandonner le modèle du pays est, par essence, un échec. En effet, les pays reconnus comme tels avant l'entrée en vigueur de la loi du 16 décembre 2010 peuvent continuer leurs activités jusqu'à leur terme, le texte ne rendant simplement plus possible la création de pays pour l'avenir.

Le pays est, de plus, animé par une philosophie particulière, qui le place au-delà de toutes considérations administratives ou juridiques. Ainsi, rien n'interdit, après 2010, aux communes ou aux intercommunalités à fiscalité propre de se regrouper au sein d'associations ou de syndicats mixtes pour faire revivre, en dehors de la reconnaissance officielle du « pays », sa doctrine. Les collectivités sont en effet libres de s'organiser ou de choisir leurs modes de gestion tant qu'aucune disposition législative n'impose strictement la création d'une structure pour exercer une mission particulière[103].

Dès lors, si le retrait du pays du maillage territorial cherchait à rationaliser le paysage institutionnel en effaçant officiellement un de ses éléments, il n'a fait que

[101] DEMONGEOT Benoît, *Discuter, politiser, imposer une solution d'action publique. L'exemple du tramway*, Thèse de sciences politiques, 30 mars 2011, IEP Grenoble, p. 101.
[102] NEGRIER Emmanuel, « Métropolisation et réforme territoriale », *Revue française d'administration publique*, 2012, n° 141, p. 73-86.
[103] DYENS Samuel, « Faire évoluer les syndicats vers d'autres modes de gestion », *AJCT*, juin 2018, n°6, p. 313.

figer l'existence de certains pays ou amener d'autres personnes publiques à se saisir des dispositifs existants, tels que le l'association ou le syndicat, pour se fédérer à la manière des pays. La réforme a donc seulement participé à une simplification de façade en exposant le souhait du gouvernement de ne plus faire du pays un interlocuteur privilégié et particulier. Son objectif est clair et consiste ainsi à favoriser l'émergence d'intercommunalités à fiscalité propre sur l'échelle du feu pays.

En second lieu, la création du PETR a elle aussi participé à cette impossible rationalisation du pays. En imposant une unique coopération, celle des intercommunalités, et en excluant *de facto* la participation directe des communes contrairement au système des pays, le modèle du PETR a amplifié l'éloignement de certaines collectivités, ou groupements, qui se sont tournées vers d'autres formes juridiques. Le PETR vient ainsi s'ajouter aux structures existantes, amplifiant l'illisibilité de la notion de pays sans parvenir à rendre plus clair le schéma coopératif[104]. Le législateur a pourtant encouragé en 2014 la transformation de syndicats mixtes ou de structures

[104] FREMONT Armand « Le système territorial en France, en Afrique du Sud, dans le monde. Eléments pour une comparaison », *in* ANTHEAUME Benoît et GIRAUT Frédéric (dirs.), *Le territoire est mort, vive les territoires ! Une (re)fabrication au nom du développement*, 2005, Marseille, IRD Editions p. 132. Il souligne à propos du millefeuille territorial qu '« aux trois territoires de référence dûment reconnus, la nation, le département, la commune, se sont ajoutés, en effet, de l'Europe à la communauté de communes en passant par la région et le pays, au moins cinq niveaux possibles d'intervention, avec des recoupements multiples. La technique consiste à toujours ajouter de nouvelles entités sans jamais en retrancher. Elle combine le conservatisme et l'innovation ». Le millefeuille territorial serait ainsi alimenté par l'impossibilité, idéologique et matérielle, de rationaliser le maillage territorial.

s'identifiant comme des pays en PETR selon trois hypothèses[105].

Le premier cas de figure place la mutation des syndicats mixtes existant aux mains de l'Etat et intéresse les pays reconnus comme tels avant l'entrée en vigueur de la loi RCT de 2010. Les syndicats visés sont, au moment de l'entrée en vigueur de la loi MAPTAM, des syndicats mixtes composés uniquement d'EPCI-FP, qui n'appartiennent à aucun PETR, dans un périmètre d'un seul tenant et sans enclave. Après la promulgation de la loi MAPTAM, les préfets de département ont ainsi informé les conseils syndicaux de structures remplissant ces conditions de leur transformation en pôle d'équilibre[106]. Cette mutation, quasi automatique, n'a pu être contrée que si les EPCI membres s'y sont opposés, dans le délai de 3 mois après notification du projet, à la majorité qualifiée des 2/3 des établissements représentant la moitié de la population totale ou inversement.

Le deuxième cas de figure[107] permet aux autres syndicats mixtes, qui ne sont pas identifiés comme des pays et sur proposition du comité syndical, de se transformer en PETR lorsque les conditions fixées par les dispositions des articles L.5741-1 et suivants sont remplies. Ce simple encouragement, facultatif donc, n'a pas permis d'imposer aux syndicats mixtes un modèle unique.

Enfin, un troisième cas de figure[108] a également été proposé pour les autres pays qui ne sont pas constitués sous la forme d'un syndicat mixte : la disposition

---

[105] PAULIAT Hélène, *op. cit.*, p. 3.
[106] Article 79 de la loi MAPTAM, II.
[107] Article L.5741-4 du CGCT.
[108] Article 79 III de la loi MAPTAM.

encourage les établissements publics à fiscalité propre membres d'une association ou d'un GIP à délibérer pour constituer un pôle d'équilibre territorial et rural.

Ces incitations témoignent de l'insuccès de la loi RCT qui a, *in fine*, obligé le législateur à ré-encadrer le modèle du pays[109] qui n'avait pas disparu du paysage politique malgré la transformation des intercommunalités en structures plus conséquentes.

Ce souhait du législateur de pousser les anciens pays ou les pays qui se sont constitués après la loi RCT sous une autre forme à se transformer en PETR pour les structurer définitivement et durablement n'a néanmoins pas abouti[110].

En effet, en 2019, les 272 territoires de projet, qui répondent à l'idée du pays, c'est-à-dire à la mise en œuvre d'un projet de territoire concerté, ne sont que pour 48 % d'entre eux des PETR. 32 % de ces territoires sont des syndicats mixtes, 9 % des associations, 2 % des GIP et 9 % n'ont pas de forme juridique[111,112].

Cette superposition de structures est également, comme nous l'avons vu, encouragée par la forme encadrée, trop précise, du PETR qui exclut, au sein de ses instances, toutes les personnes publiques qui ne sont pas des EPCI-FP, contrairement aux pôles métropolitains.

---

109 DERDAELE Elodie, *op. cit.*

110 La difficulté était déjà annoncée en 2014 par la Banque des territoires : ZAPALSKI Emilie, « Développement des territoires - La mue des pays en PETR : pas si simple ! », *Localtis*, 2014.

111 Panorama 2019 des territoires de projet par l'ANPP.

112 Au 1er janvier 2021, la Direction générale des collectivités locales recense 124 PETR. Elle compte également 2800 syndicats mixtes.

§2 - La standardisation inaboutie du pays vers le modèle du pôle métropolitain

La proposition de remplacer les pays par des PETR, formalisée par la loi MAPTAM, s'inscrit pleinement dans le souhait du législateur d'identifier les syndicats mixtes existant sur le territoire, d'observer leurs activités puis de les circonscrire dans un rôle bien déterminé et délimité afin d'éviter le développement de structures hybrides venant rendre illisible le paysage institutionnel[113].

A ce titre, la loi de 2014 démontre, selon le Professeur Antony Taillefait, une dynamique de « vitalité du syndicalisme intercommunal »[114], confirmé en 2018 par Nelly Ferreira qui note que les « syndicats mixtes ne sont donc pas appelés à disparaître, ni même à voir leur nombre baisser » du fait de la « création de nouveaux syndicats (sous de nouvelles appellations, comme si le terme "syndicat", devenu obsolète, devait être mis de côté) »[115].

En ce sens, un rapport de la Cour des comptes souligne en 2016 qu'il existe bien un réel mouvement de création de syndicats mixtes[116].

La mise en place du PETR, un syndicat mixte identifié et nommé aux membres limités, se situe ainsi au cœur du mouvement de standardisation des syndicats mixtes.

Elle fait suite à l'apparition d'une autre structure syndicale désignée par la loi comme étant le pôle

---

113 FERREIRA Nelly, « L'intercommunalité syndicale, entre rationalisation programmée et réalité des territoires », *AJCT*, juin 2018, n°6, p. 300.

114 TAILLEFAIT Antony, *op. cit*, p. 626.

115 FERREIRA Nelly, *op. cit.* p. 300.

116 Rapport de la Cour des comptes, « La carte des syndicats intercommunaux : une rationalisation à poursuivre » de juillet 2016, p. 26.

métropolitain.Pensé comme un « pendant »[117] de cet autre syndicat en milieu rural[118], le PETR reste toutefois enfermé dans son carcan de syndicat mixte fermé et est donc loin du modèle du pôle métropolitain.

Rappelons que c'est la loi RCT de 2010 mettant en place les métropoles[119] qui a consacré le pôle métropolitain[120]. Toutefois, cette dernière privait le milieu rural ou les espaces urbains d'une densité moyenne[121] d'un outil de coopération sans lui prévoir de dispositifs particuliers en dehors des aires d'influence des métropoles[122]. Les pôles métropolitains, qui regroupent comme les PETR des EPCI à fiscalité propre, sont en effet soumis à des contraintes démographiques. Ils ne pouvaient être constitués, selon la loi de 2010, que si les EPCI formaient un ensemble de plus de 300.000 habitants avec un EPCI comptant au moins plus de 150.000 habitants. En outre, le pôle métropolitain n'est pas soumis à l'obligation de former un périmètre d'un seul tenant et sans enclave, sauf pour les pôles localisés autour d'une zone transfrontalière souhaitant déroger au seuil du nombre d'habitants posé. Les zones rurales, éloignées des métropoles, étaient donc exclues de ce dispositif.

---

[117] BOCKEL Jean-Marie et GUENE Charles, Rapport d'information du Sénat fait au nom de la délégation aux collectivités territoriales et à la décentralisation sur les pôles d'équilibre territoriaux et ruraux et les pôles métropolitains comme nouveaux territoires de projet, 23 juin 2017, rapport n°588, p. 14.

[118] HOUSER Matthieu, « Le volet intercommunal de la loi MAPAM : de nouvelles perspectives offertes aux acteurs locaux », *AJCT*, juin 2014, p. 288.

[119] Articles 12 à 19 de la loi du 16 décembre 2010.

[120] Article 20 de la loi du 16 décembre 2010.

[121] DIALLO Abdoul, DORE Gwenaël et LEPICIER Denis, o*p. cit.* Ils notaient en 2014 que les pays étaient « de plus en plus urbains ».

[122] REGOURD Cécile, *Les métropoles au prisme du modèle territorial français,* 2020, Paris, Dalloz, pp. 148-157.

Si la loi MAPTAM a tenté de revenir sur cette lacune en créant le PETR en 2014, elle n'a pas harmonisé les dispositions qui leur sont applicables alors qu'elle a par ailleurs entendu favoriser la création de pôles métropolitains sur le territoire. Le seuil démographique, qui n'existe pas pour les PETR[123], témoignant de la complexité du modèle en milieux ruraux très hétérogènes, a été abaissé permettant à tous les groupements d'EPCI de pouvoir prétendre à former un pôle métropolitain dès lors que l'un d'entre eux compte plus de 100.000 habitants. La loi MAPTAM a également autorisé, à la demande du conseil syndical, l'adhésion au syndicat des régions et des départements concernés par le pôle, laissant ainsi le pôle métropolitain prendre, au choix, la forme d'un syndicat mixte fermé ou d'un syndicat mixte ouvert.

Dès lors, si le PETR est considéré comme le jumeau du pôle métropolitain, leur prétendue symétrie n'est que de façade. Le fait, pour le pôle métropolitain, de pouvoir devenir un syndicat mixte ouvert est une souplesse particulièrement importante, notamment dans l'élaboration et la conduite de politiques communes entre les métropoles et les régions. Si la coopération avec d'autres collectivités territoriales est prévue pour les PETR lors de l'élaboration du projet de territoire[124], cette coopération reste beaucoup moins intégrée et formalisée que dans le pôle métropolitain.

---

[123] FAURE Bertrand, *Droit des collectivités territoriales,* 2021, Paris, Dalloz, p. 486. Bertrand Faure note la polyvalence du PETR, praticable « en zone rurale et urbaine », cette souplesse étant bienvenue tant les intercommunalités rurales sont différentes.

[124] Article L.5741-2 du CGCT « Sur décision du comité syndical du pôle, les conseils départementaux et les conseils régionaux intéressés peuvent être associés à l'élaboration du projet de territoire ».

Cette rigidité du syndicat mixte fermé qui ne peut se composer que d'établissements publics de coopération intercommunale à fiscalité propre encourage, une fois encore, le développement de modèles alternatifs aux PETR par la constitution de syndicats mixtes ouverts avec la participation des régions ou des départements. Le Pays du Velay est, par exemple un syndicat mixte ouvert composé d'une communauté d'agglomération, de deux communautés de communes et du département de la Haute-Loire[125]. Le Pays du Vitryat compte, quant à lui, parmi ses membres trois communautés de communes ainsi que trois chambres consulaires[126]. La volonté de contenir le développement syndical dans des structures préétablies par la loi est donc vaine pour les pays.

Pour conclure, la forme du syndicat mixte fermé que doit prendre le PETR a pu inquiéter les anciens pays à juste titre et les conduire à exister sous d'autres formes juridiques afin de conserver des liens particuliers entre les communes, les départements, les régions voire d'autres organismes publics. Si le législateur a cherché à créer une coopération des territoires polarisée soit autour d'une métropole, soit autour de villes centres et de leurs périphéries plus ou moins rurales, cette standardisation n'a pas permis de favoriser une cohérence dans les modèles de coopération sans fiscalité propre.

Toutefois, le PETR reste, malgré sa forme encadrée, un outil plus souple que la coopération au sein des EPCI-FP. Il permet en effet aux intercommunalités à fiscalité propre de coopérer autour d'un projet de territoire différencié en fonction des besoins et des caractéristiques de chaque espace.

---

[125] Statuts du Syndicat mixte du Pays du Velay approuvés en décembre 2016.

[126] Arrêté préfectoral du 15 octobre 2015 créant le syndicat Mixte ADEVA Pays Vitryat.

Chapitre 2 - Un syndicat mixte de « projet » pensé comme l'instrument d'une organisation territoriale à la carte : le pays « multiple »

L'article L.5741-2 du code général des collectivités territoriales prévoit que le pôle d'équilibre territorial et rural doit nécessairement, dans la première année suivant sa création, élaborer un projet de territoire. Ce projet de territoire, co-construit entre les établissements publics à fiscalité propre membres du pôle, l'est également, comme nous l'avons vu, avec le conseil de développement territorial, la conférence des maires, voire les conseils départementaux et régionaux intéressés. L'introduction même de cette notion de « projet de territoire » dans les dispositions relatives au PETR reflète l'affirmation d'une nouvelle approche de la coopération entre les territoires, dont le caractère juridique semble difficilement saisissable (section 1) au bénéfice d'une organisation multiple et différenciée des pays (section 2).

Section 1 - Le projet de territoire des PETR, une notion juridiquement insaisissable

L'utilisation de la notion de « projet de territoire » témoigne d'une véritable évolution dans la manière de légiférer et d'appréhender la gouvernance concrète des espaces. Le terme, vague et imprécis, traduit un emprunt par le législateur à la géographie et à la science politique (§1). Il révèle en outre un changement, une mutation, dans le contenu du droit relatif à la gestion des espaces et au développement local, droit plus transversal et soucieux d'intégrer de nouvelles préoccupations sociétales (§2).

§1 - L'utilisation juridique d'une notion politico-géographique familière aux pays

Selon le chercheur Alain Faure, « l'évolution s'est récemment cristallisée sur des mots valise comme le « projet de territoire » et la « gouvernance territoriale », « notions qui véhiculent l'idée que l'efficacité des programmes dépend de formes renouvelées de coordination, de contractualisation et de régulation collectives à l'échelon local »[127].

En effet, le terme de « projet de territoire » porté par un « territoire de projet » est particulièrement utilisé depuis les années 1990 par des économistes, des sociologues ou des géographes afin d'étudier les interrelations entre les acteurs locaux et la façon dont peut se manifester une volonté collective de co-construire un projet commun territorialisé[128].

L'émanation du projet de territoire se caractérise par un double mouvement. D'abord celui selon lequel des réseaux d'acteurs, développant des liens en dehors de tout territoire administratif, s'auto-organisent autour d'une problématique large comme la préservation d'un cours d'eau[129] ou l'aménagement d'infrastructures pour développer le commerce. Ces acteurs entretiennent des liens géographiques, historiques ou structurels

[127] FAURE Alain « Action publique territoriale », *in* COLE Alistair, PASQUIER Romain et GUIGNER Sébastien, (dire.) *Dictionnaire des politiques territoriales, Presses de Sciences Po,* 2011, Paris, Presses de Sciences Po, col. « Sciences Po Gouvernances », p. 28.

[128] BERRIET-SOLLIEC Marielle et TROUVE Aurélie « Développement des territoires de projet. Quels enjeux pour les politiques rurales ? », *Economie rurale*, 2013, n°335, pp. 7-19.

[129] GERMAINE Marie-Anne et LESPEZ Laurent « Le démantèlement des barrages de la Sélune (Manche). Des réseaux d'acteurs au projet de territoire ? », *Développement durable et territoires,* décembre 2019, n°3.

encourageant leur coopération et donc l'émergence d'un « projet de territoire », c'est-à-dire d'un projet pour leur territoire, forgé par les acteurs intéressés et en lien avec les caractéristiques de leur espace de vie.

Ce premier mouvement s'accompagne en parallèle d'un mouvement politico-administratif, qui se traduit par la volonté de l'Etat de laisser une marge de manœuvre aux entités locales pour s'administrer à travers des politiques territorialisées formalisées à l'échelon local et encouragées par des transferts de compétences, des contrats ou des subventions.

Le pays est un exemple parfait de ce double processus : la France a été d'un côté marquée par l'émergence de réseaux d'acteurs se structurant indépendamment de l'Etat autour de projets locaux tandis qu'elle a, d'un autre côté, vu émerger un Etat encourageant l'apparition de ce genre d'initiatives par les contrats de pays puis par leur institutionnalisation. Le projet de territoire a ainsi une nature duale, émanant des besoins particuliers des territoires mais aussi encouragé voire encadré par les politiques publiques étatiques.

Cette volonté de l'Etat de laisser chaque territoire déterminer son propre projet est empreinte de plusieurs considérations, à la fois économiques et démocratiques, avec comme finalité une réponse efficace et adaptée aux nécessités de chaque territoire. L'engouement de l'Etat pour une décentralisation de la planification des politiques publiques et donc leur territorialisation s'est notamment affirmé par la technicité accrue de certaines règles imposées aux collectivités dans l'exercice des compétences qui leur ont été transférées.

La loi Voynet, avec les contrats de plan Etat-région et les chartes de pays exprimant le « projet commun de développement durable du territoire »[130], ainsi que la loi Chevènement[131] sont particulièrement marquées par cette nouvelle philosophie et la volonté de faire émerger à l'échelon supra-communal des collectivités capables de définir seules le cadre de leur projet de territoire[132]. La loi Solidarité et renouvellement urbain[133], en entrecroisant en matière d'urbanisme par exemple de nombreux enjeux relatifs au logement, à l'environnement, à l'économie ou à la mobilité, ancre cette mutation vers des collectivités de projets plutôt que des collectivités de gestion de compétences sectorielles[134]. Valérie Angeon et Nathalie Bertrand soulignent en ce sens que ces trois lois « ont en commun de considérer le territoire comme un espace de solidarité et de sociabilité pour lequel doivent s'élaborer des projets portés par les acteurs »[135].

La mise en place du PETR en 2014 est le résultat de cette évolution vers une mobilisation accrue des dynamiques locales, de proximité, dans le développement des projets des territoires ruraux. Leur création est aussi témoin de la complexité et de la diversité des politiques locales, facteurs conduisant à la définition vague du projet de territoire du PETR, celui-ci définissant largement « les

---

130 Article 25 de la loi Voynet de 1999.

131 Loi n° 99-586 du 12 juillet 1999 relative au renforcement et à la simplification de la coopération intercommunale.

132 LOGIE Gérard, *L'intercommunalité au service du projet de territoire,* 2011, *Paris*, Syros- CNFPT, 312 p.

133 Loi n° 2000-1208 du 13 décembre 2000 relative à la solidarité et au renouvellement urbains.

134 MELOT Romain, « De la gestion des espaces au projet de territoire : les enjeux politiques d'un changement de paradigme juridique », *L'année sociologique,* 2009, n°59, pp. 177 à 199.

135 ANGEON Valérie et BERTRAND Nathalie, « Les dispositifs de développement rural : quelles proximités mobilisées ? », *Géographie, économie, société*, 2009, n°11, §9.

conditions du développement économique, écologique, culturel et social ».

§2 - Le projet de territoire : un document prospectif non-contraignant couvrant le vaste périmètre des PETR

La notion de projet de territoire n'est, comme nous venons de le voir, pas prédéterminée à un usage juridique.

Le projet de territoire reflète en effet un objectif, un but à atteindre mais pas un document précis dont les territoires sont invités à se doter.

Les territoires institutionnalisés sont en ce sens vivement encouragés à se transformer en « territoires de projets », porteurs de politiques multisectorielles par le biais de dispositifs précis, faisceaux d'indices de la présence d'un projet sur un territoire.

La réflexion autour d'un « projet de territoire » a ainsi longtemps été guidée par des documents nommés et identifiés tels que le Schéma de cohérence territoriale (SCoT), le Plan local d'urbanisme communal ou intercommunal (PLU(i)) ou le Plan climat-air-énergie territorial (PCAET).

Par la rédaction de ces documents, les territoires mobilisent en conséquence toute une ingénierie territoriale, une réflexion autour de multiples questions sociales, environnementales et économiques les obligeant à co-construire un projet formé par l'identification d'enjeux locaux.

Se familiarisant avec l'esprit du « projet de territoire », le législateur a ensuite fini par introduire la notion même au cœur de la loi.

L'expression se retrouve officiellement dans quatre codes : dans le code de l'action sociale et des familles à propos de la composition de l'observatoire départemental de la protection de l'enfance[136], dans le code de l'environnement pour désigner le projet des territoires dans la gestion de l'évolution du trait des côtes[137] ou pour renseigner le contenu de la charte des parcs naturels nationaux[138] et dans le code général des collectivités territoriales pour désigner le projet de territoire porté par les PETR ou pour renseigner les activités de l'Agence nationale de la cohésion des territoires (ANCT)[139]. Enfin, on retrouve une occurrence de la notion de projet de territoire dans le code de l'urbanisme afin de lier le projet de territoire du PETR au SCoT[140]. En outre, la notion se retrouve dans plusieurs circulaires[141] ou lignes

---

136 Article D.226-3-2 du CASF « (…) en fonction des ressources et des projets de territoire, d'autres acteurs institutionnels et associatifs, ainsi que des personnes qualifiées, peuvent être membres de l'observatoire départemental de la protection de l'enfance ».

137 Article L.321-14 du code de l'environnement « (…) Il [le SRADDET] précise les règles générales d'un projet de territoire qui permet d'anticiper et de gérer les évolutions du trait de côte, portant notamment sur les mesures d'amélioration des connaissances, de préservation et de restauration des espaces naturels ainsi que de prévention et d'information des populations. Il détermine les modalités d'un partage équilibré et durable de la ressource sédimentaire. »

138 Article L.331-3 du code de l'environnement « (…) la charte du parc national définit un projet de territoire traduisant la solidarité écologique entre le cœur du parc et ses espaces environnants »

139 Article R.123-11 « Le délégué territorial de l'agence dans le département chef-lieu de région transmet chaque année le bilan d'activité de l'accompagnement des collectivités territoriales pour mener à bien leurs projets de territoire au directeur général de l'agence (…) ».

140 Article L.145-1 du code de l'urbanisme.

141 Exemple de la circulaire du 14 janvier 2020 sur les dotations et fonds de soutien à l'investissement en faveur des territoires en 2020

directrices[142] rappelant l'importance pour l'Etat de la présence de tels projets sur les territoires pour attribuer des ressources financières par la voie contractuelle.

Le projet de territoire du PETR reflète toutefois une particularité par rapport aux autres usages faits par le gouvernement ou le législateur de la notion : il est, en lui-même, un document qui est rédigé par les intercommunalités. Dans les autres occurrences, la notion de projet de territoire reste une philosophie globale qui se manifeste dans un autre document concret tel que le schéma régional d'aménagement, de développement durable et d'égalité des territoires (SRADDET) ou la charte d'un parc naturel national. Une confusion peut dès lors naître entre le projet de territoire, utilisé de manière large pour désigner l'ensemble des projets d'une collectivité et le projet de territoire des PETR mêmes.

Cet emploi singulier du projet de territoire pour caractériser un document élaboré « pour le compte et en partenariat avec les établissements publics de coopération qui le composent »[143] est d'autant plus particulier que le caractère vaste de sa dénomination est entretenu par une définition floue.

Le projet de territoire doit effectivement préciser « les actions en matière de développement économique, d'aménagement de l'espace et de promotion de la

---

qui entend favoriser le soutien financier à des opérations s'inscrivant dans un « projet de territoire ».

[142] La directive nationale d'orientation sur l'ingénierie d'Etat dans les territoires 2016-2018 notait que l'« approche territorialisée des politiques publiques nécessite de dépasser les approches thématiques en silo, de prendre en compte le temps long et les différentes échelles (depuis celle du projet à l'échelle des grands territoires) pour construire des projets de territoire durablement fédérateurs ».

[143] Article L.5741-2 alinéa 1.

transition écologique qui sont conduites par les établissements publics de coopération intercommunale ou, en leur nom et pour leur compte, par le pôle d'équilibre territorial et rural »[144]. Il est également énoncé par le code qu'un tel projet peut comporter des dispositions relatives à toute question d'intérêt territorial.

Par l'utilisation de cette large définition, le législateur a entendu donner une véritable souplesse au PETR en laissant une réelle liberté dans la détermination du contenu du projet de territoire, qui peut, *in fine,* concerner l'ensemble des politiques locales intercommunales dans le respect du principe de spécialité, dont les contours sont ici questionnés[145].

L'on comprend de ces dispositions que le projet de territoire cherche à élaborer une stratégie pour l'ensemble du territoire visant à coordonner les politiques des intercommunalités et à dresser une feuille de route guidant les actions des membres du PETR sur le long terme.

Ce document co-élaboré, permet à chacun des EPCI, voire aux conseils départementaux et régionaux, de construire une stratégie basée sur les réalités de l'ensemble du bassin de vie.

Le projet de territoire semble beaucoup moins encadré que la charte de pays : en effet, le décret d'application du 19 septembre 2000 relatif aux pays prévoit, contrairement aux dispositions relatives au projet de territoire, un contenu encadré devant comprendre un rapport établissant

---

[144] Article L.5741-2 alinéa 3.

[145] Dans son article susmentionné « Les PETR : cuisine et dépendances d'une réforme territoriale méconnue », Elodie DERDAELE souligne que cet « intérêt territorial » pourrait conduire le PETR à disposer d'une « clause générale de compétence », pour agir en lieu et place des EPCI.

un diagnostic de l'état actuel du territoire et son évolution démographique sur vingt ans, un document définissant au moins à dix ans les orientations fondamentales du pays ainsi que des documents cartographiques[146].

Cette souplesse du projet de territoire du PETR est toutefois à double tranchant : si elle permet à chaque territoire d'accentuer le document vers des problématiques qui lui sont propres, elle a toutefois conduit le législateur à lui dénier tout caractère réglementaire contrairement à d'autres documents comme le PLU ou le SCoT.

Le projet de territoire doit toutefois être compatible avec d'autres documents comme le prévoit le CGCT, à savoir le SCoT[147] et la charte du parc naturel régional[148,149] (PNR) lorsque le périmètre du pôle recouvre celui du PNR.

Cette articulation se fait parfois avec difficultés, comme le note la Professeure Hélène Pauliat[150], et conduit à la superposition de multiples documents sur le territoire. En outre, si le projet de territoire n'a pas fait l'objet de précisions réglementaires, à l'instar de la charte de pays, par un décret d'application, la marge de manœuvre laissée aux PETR peut également mener à une rigueur moindre dans le contenu et à conduire ainsi certains projets à ne pas établir de véritables diagnostics pour l'avenir du territoire.

---

146 LAPOSTOLLE Dany, *L'ingénierie territoriale vue des pays : Une bureaucratie professionnelle territoriale en gestation,* Thèse de sciences politiques, 2010, Université Lumière Lyon 2, p. 273.

147 *Ibid.*

148 Article L.5741-2 alinéa 4.

149 L'article R.333-15 du code de l'environnement prévoit en son 16° que le projet de territoire du PETR doit être soumis pour avis au syndicat mixte d'aménagement et de gestion du parc.

150 PAULIAT Hélène, *op. cit.,* p. 3.

Si le projet de territoire ne dispose pas d'une force réglementaire, celui-ci doit toutefois être concrétisé par une convention territoriale, conclue entre les membres du pôle et les conseils départementaux et régionaux associés. Ainsi, les litiges d'ordre contractuel relatifs à l'application d'une telle convention pourront être portés devant le juge administratif, même si les parties s'engagent régulièrement à rechercher une solution amiable au préalable[151]. Il est également prévu qu'un rapport annuel soit dressé sur la mise en œuvre du projet de territoire afin d'assurer le suivi d'un tel document, mais là encore aucune mesure ne vient prévoir des sanctions en cas d'absence ou d'incomplétude d'un tel rapport.

Enfin, si le projet de territoire ne s'impose pas comme un document doté d'une force juridique particulière, l'ordonnance du 17 juin 2020 relative à la modernisation des schémas de cohérence territoriale[152] a introduit une nouvelle disposition, entrée en vigueur le 1er avril 2021, permettant aux PETR pourvus de la compétence « SCoT » de rédiger un tel schéma tenant lieu de projet de territoire.

Si l'assimilation entre le nouveau projet d'aménagement stratégique (PAS) remplaçant le Plan d'aménagement et de développement durable (PADD) du SCoT et le projet de territoire du PETR est rendue possible

---

[151] Exemple de la convention territoriale entre le PETR Vidourle Camargue et les cinq communautés de communes membres, article 6 « tout litige pouvant survenir dans le cadre de l'application de la présente convention relèvera du tribunal administratif de Nîmes. Les parties s'engagent toutefois à rechercher préalablement une solution amiable au règlement du litige ».

[152] Ordonnance n° 2020-744 du 17 juin 2020 relative à la modernisation des schémas de cohérence territoriale.

par le législateur[153], c'est parce que les deux documents présentent des similitudes dans leur nature et leur objet. Le SCoT est en effet un document global, transversal, stratégique, intégrant de nombreux autres documents comme le SRADDET ou le Schéma directeur d'aménagement et de gestion des eaux (SDAGE) et s'intéressant à de multiples problématiques comme le développement durable, l'environnement, l'agriculture, l'implantation commerciale, la qualité des paysages et les équilibres entre les espaces ruraux et urbains.

Malgré la similitude entre les deux documents, la nouvelle disposition conduit toutefois à assimiler le projet de territoire du PETR à un document réglementaire contraignant, ce qui revient à bousculer la philosophie initiale du pays mais aussi à réduire le projet de territoire, plus libre et diversifié, à un document de planification urbanistique plus restreint et encadré. Le projet de territoire se distingue en effet du simple SCoT dans la mesure où il permet, outre la réalisation d'un diagnostic, de programmer la future coopération entre les intercommunalités membres.

Section 2 - L'indispensable projet du syndicat mixte comme terreau d'une coopération multiple

L'obligation légale de rédiger un projet de territoire a deux conséquences particulières sur la structure du PETR. D'abord, ce document officiel permet de servir de socle à la contractualisation avec d'autres collectivités territoriales ou l'Etat (§1) mais il permet également de dresser, avec la

---

[153] SOLER-COUTEAUX Pierre et STREBLER Jean-Philippe, « La modernisation des SCoT, le projet, toujours le projet, encore le projet », *RDI,* octobre 2020, n°10, p. 504.

convention territoriale, la nature et l'objet des différentes missions du PETR au profit des EPCI-FP membres (§2).

§1 - La coopération supra-intercommunale du PETR, cœur de l'interterritorialité et de l'esprit de pays

La contractualisation a toujours été un élément fondamental pour l'esprit du pays, 600 contrats de pays ayant été signés entre 1975 et 1995[154]. L'article 25 de la loi Voynet de 1999 imposait, en vue de la contractualisation, la création du pays sous la forme spécifique du syndicat mixte ou du GIPDL afin que ceux-ci puissent nouer des liens contractuels avec les autres collectivités ou avec l'Etat.

Les pays, qui ne disposent pas de fiscalité propre, sont en effet dépendants des contributions de leurs membres et des subventions des autres personnes publiques pour pouvoir mener à bien les projets de leur territoire. La contractualisation permet à la fois de mener des actions dans un cadre élargi en dépassant les frontières administratives des territoires, mais elle appelle également les personnes publiques à regrouper leurs ressources financières afin de cofinancer des projets, organisés sur la base d'engagements multilatéraux[155]. Elle favorise enfin la mise en place de relations acceptées et volontaires entre les territoires plutôt que des rapprochements arrêtés par l'Etat.

---

[154] DEPRAZ Samuel, « Chapitre 2. Les politiques publiques en faveur des marges », *op. cit.*

[155] SESTIER Jean-François, « Les supports organiques des relations entre collectivités territoriales » *in* CAUDAL Sylvie et ROBBE François (dir.), *Les relations entre collectivités territoriales,* 2005, Paris, L'Harmattan.

A l'échelle du PETR, la contractualisation permet de désigner une entité centrale, le syndicat mixte, qui percevra les fonds pour ensuite les faire ruisseler vers les intercommunalités membres ou développer des politiques adéquates sur le périmètre syndical. L'échelle du bassin de vie permet ainsi d'éviter l'éclatement des ressources au niveau communal, de rationaliser et de donner une lisibilité aux futurs projets identifiés au sein du projet de territoire.

Les liens entre les régions et les pays ont été particulièrement forts dans leur construction, les contrats de pays ayant été rapidement confiés aux régions dans les années 1970[156].

Compétentes pour « promouvoir le développement économique » et « le soutien à l'accès au logement et à l'amélioration de l'habitat, le soutien à la politique de la ville et à la rénovation urbaine et le soutien aux politiques d'éducation et l'aménagement et l'égalité de ses territoires »[157], les régions peuvent contractualiser avec les PETR pour les aider globalement à mettre en œuvre leur projet de territoire ou pour les inciter à développer des politiques particulières au sein de leur périmètre comme la revitalisation des centres-bourgs ou la transition énergétique. En outre, certains fonds à destination notamment des PETR sont même créés dans le cadre des compétences régionales[158].

---

[156] DORE Gwénael, « Les régions françaises et le soutien aux territoires depuis 2016 », *Revue d'économie régionale et urbaine,* 2020, pp. 533-554.

[157] Article L.4221-1 du CGCT.

[158] Exemple du Fonds d'initiatives rurales du Grand Est. L'opportunité du financement d'un projet soumis à la région est notamment évaluée en fonction de la dimension du projet qui doit être « *a minima*

Près de la moitié des régions de l'hexagone ont choisi de conclure des contrats avec les pays ou PETR[159], parfois en prévoyant une enveloppe intégrant à ces politiques régionales les fonds européens LEADER. Ces fonds de l'Union européenne, qui visent à soutenir des projets en milieu rural, sont en effet gérés par les régions depuis 2014 qui identifient des territoires infra-régionaux appelés des Groupes d'action locale (GAL) porteurs de projets qui attribuent ensuite à certains bénéficiaires privés ou publics des ressources financières pour développer une activité. Sur les 340 GAL pour le programme 2014-2020, 65 % étaient portés par des pays ou des PETR, 5 % par des pays ou PETR associés à une autre structure et seulement 30 % par des EPCI-FP[160]. Les contrats de plan Etat-région (CPER) sont également l'occasion, la 7ème génération étant arrivée à échéance en 2020, de développer des liens contractuels avec les PETR[161].

Les départements concluent eux aussi des contrats avec les PETR, en moins grand nombre du fait de leurs ressources et de leurs compétences plus restreintes en matière d'aménagement et d'aides économiques[162]. A titre

---

intercommunale », le pays ou les PETR étant ainsi des interlocuteurs opportuns.

159 DORE Gwénael, *op. cit.*

160 Carte « Territoire de projets « GAL 2014-2020 » de l'ANPP, éditée en 2018.

161 BOCKEL Jean-Marie et GUENE Charles, Rapport d'information du Sénat fait au nom de la délégation aux collectivités territoriales et à la décentralisation sur les pôles d'équilibre territoriaux et ruraux et les pôles métropolitains comme nouveaux territoires de projet, 23 juin 2017, rapport n°588, p. 45.

162 L'article L.3211-1 du CGCT dispose que le conseil départemental est compétent pour promouvoir les solidarités et la cohésion territoriale sur le territoire départemental, dans le respect de l'intégrité, de l'autonomie et des attributions des régions et des communes.

d'exemple, le département de la Charente a mis en place le « contrat de cohésion » avec les bassins de vie de son territoire comme le PETR du Ruffécois[163]. Le conseil départemental de la Côte d'Or a également signé un contrat pour les années 2020-2023 avec le PETR du Pays Seine-et-Tilles en Bourgogne visant à financer différents projets liés à la culture ou aux circuits courts[164].

L'Etat met lui aussi en avant le projet du territoire dans les contrats qu'il passe avec les collectivités ou leurs groupements par le biais de dispositifs comme les contrats de ruralité[165] conclus pour la période 2016-2020 entre le représentant de l'Etat dans les départements et certains PETR[166], ou les nouveaux contrats de relance et de transition écologique (CRTE)[167].

Enfin, le Professeur Jean-François Brisson note également que l'organisation du PETR autour d'un projet de territoire permet aux intercommunalités de se fédérer et de « dialoguer avec les métropoles à armes moins inégales comme le montrent les deux contrats de réciprocité conclus entre la métropole de Brest et le pays du centre-

---

[163] Rapport d'information du 23 juin 2017, *op. cit.,* p. 34.

[164] Enquête « contractualisation » de l'ANPP, organisée par LE TERTRE Clara en 2021.

[165] CHAHID Mohammed et DORE Gwénael « Le renouvellement de la contractualisation territoriale de l'Etat français : les contrats de ruralité », *Economie rurale*, 2021, p. 103-118.

[166] Circulaire relative à la ruralité du ministre de l'aménagement du territoire, de la ruralité et des collectivités territoriales en date du 3 juin 2016 notant que « pour être éligible, la collectivité ou le syndicat porteur du contrat devra présenter les grandes orientations de son projet de territoire ainsi qu'un diagnostic sommaire des besoins », p. 3.

[167] La carte nationale des CRTE publiée le 30 mars 2021 retient, sur 833 périmètres délimités par le préfet, 25 % de territoires de projet pour mettre en œuvre le dispositif contractuel à l'échelle d'un PETR ou d'un pays.

ouest Bretagne et la métropole de Toulouse et le pays Portes de Gascogne »[168]. On peut également ajouter à ces deux contrats un troisième conclu entre la métropole de Nantes et le PETR Pays de Retz. Ces contrats sont essentiellement tournés autour de problématiques transversales comme le tourisme, l'action économique, l'alimentation, la mobilité, la transition énergétique, l'emploi ou la santé[169].

Aussi, la place de la contractualisation dans les actions menées par le PETR est révélatrice d'une interconnexion entre les différents territoires et d'une volonté d'articuler les espaces en considérant les réseaux et les flux qui les lient. A ce titre, le Professeur Martin Vanier note que « la contractualisation interterritoriale vise les interfaces, les enjeux et objets communs à plusieurs territoires (...). L'intercommunalité, l'intercommunautarité, l'inter-départementalité, l'interrégionalité, et leurs combinaisons verticales – pour s'en tenir aux pouvoirs locaux – deviennent les cadres fondamentaux du travail politique des collectivités qui les composent »[170].

Le PETR s'inscrit particulièrement dans la notion d'interritorialité puisqu'il met en mouvement différents

---

[168] BRISSON Jean-François, « Les métropoles et le(ur)s territoires périphériques : l'impensé de la réforme territoriale » *in* KADA Nicolas (dir.), *Les discontinuités territoriales et le droit public*, 2020, Paris, Dalloz, p. 79.

[169] DORE Gwénael, « Quelles coopérations entre les métropoles et les territoires ruraux en France ? Les pactes Etat-métropoles et l'expérimentation des contrats de réciprocité, *L'Information géographique*, 2019, n°83, pp. 55-78.

[170] VANIER Martin. « L'interterritorialité : des pistes pour hâter l'émancipation spatiale », in ANTHEAUME Benoît, et GIRAUT Frédéric (dir.), *Le territoire est mort, vive les territoires ! Une (re)fabrication au nom du développement*, 2005, Marseille, IRD Éditions, p. 334.

acteurs, le conseil de développement, la conférence des maires, les conseils régionaux et départementaux, dans l'élaboration du projet de territoire. Cette élaboration permet d'interroger les liens économiques et sociaux entre les différentes échelles et de nouer entre elles des coopérations particulièrement favorables afin de « partager des stratégies, des responsabilités et des efforts d'action »[171]. Appréhendé comme un espace multiple en relation avec différents territoires, où vivent certains et circulent d'autres[172], le PETR peut être un outil, s'il est utilisé à bon escient, particulièrement efficace articulant en tant qu'échelon intermédiaire les politiques des autres personnes publiques. Les actions et problématiques propres à chaque PETR sont renforcées par la variété des politiques contractuelles spécifiques à chaque région ou département faisant de cet outil le témoin de la territorialisation des politiques publiques.

Le projet de territoire permet ainsi d'assurer aux cocontractants le sérieux de la coopération entre les intercommunalités et de porter des projets avec la société civile, guidés par une stratégie globale, afin d'obtenir des financements. Il est également un outil clé pour organiser les missions internes du PETR et aménager la répartition des rôles entre les intercommunalités et le syndicat, sans que le CGCT ne vienne imposer un schéma classique de fonctionnement.

---

171 VANIER Martin, *op. cit.*

172 BEHAR Daniel, ESTEBE Philippe et VANIER Martin, « Réforme territoriale : avis de décès de l'interterritorialité ? », *Métropolitiques,* 13 juin 2014.

§2 - Une coopération interne actée par des statuts hétéroclites

C'est en se fondant sur le projet de territoire que le PETR met en place tout un outillage juridique permettant de concrétiser la coopération entre les membres du groupement. Si les dispositions à ce sujet sont peu nombreuses dans la partie qui lui est spécifiquement consacrée dans le CGCT[173], c'est notamment parce que le PETR prend la forme d'un syndicat mixte fermé[174] et peut donc user de toutes les prérogatives accordées par la loi à une telle structure afin de répondre aux besoins de ses membres.

Tout d'abord, le CGCT prévoit que la convention territoriale élaborée grâce au projet de territoire doit déterminer « les missions déléguées au pôle d'équilibre territorial et rural par les établissements publics de coopération intercommunale et par les conseils départementaux et les conseils régionaux pour être exercées en leur nom »[175], missions également précisées par les statuts du syndicat mixte. La durée ainsi que les conditions matérielles et financières de la délégation de ces missions doivent également être fixées dans la convention territoriale.

Le terme de « missions » utilisé par le code est imprécis : le législateur a en effet préféré laisser aux syndicats la liberté de détailler ces missions afin de permettre la création de syndicats différenciés en fonction des besoins des intercommunalités. En outre, cela évite l'usage d'autres notions comme celles de compétences,

---

[173] Titre IV du livre VII de la cinquième partie du code général des collectivités territoriales.

[174] Article L.5711-1 du CGCT.

[175] Article L.5741-2 II du CGCT.

qui ne fait pas l'unanimité auprès des parlementaires qui ne veulent pas faire du PETR un nouvel échelon administratif portant des compétences au même titre que les intercommunalités. Par ailleurs, l'emploi par le législateur du mot « mission » permet de rappeler que le PETR est avant tout « un territoire de projet ». Il est, en ce sens, destiné à harmoniser les actions portées par les acteurs du territoire et à élaborer et suivre le projet de territoire à travers des politiques d'études, d'animation, d'ingénierie et de financement, notamment obtenus par contractualisation.

Outre ces délégations prévues par le CGCT, les PETR peuvent aussi se voir transférer des compétences des EPCI-FP en application de l'article L.5211-17[176] du même code, ce qui n'est pas prévu spécifiquement dans les dispositions relatives au PETR. Ce transfert entraîne de plein droit le transfert des biens, équipements et services utiles à l'exercice de la compétence transférée. Décidés par délibérations, les transferts de compétences ne reposent pas, contrairement aux délégations, sur le mécanisme contractuel. Sans durée limitée, ils permettent d'assurer la pérennité des activités du groupement dans le domaine et de transférer la responsabilité afférente.

Certains moyens permettent également au PETR de favoriser un exercice concerté des compétences en mettant en place des services communs entre le syndicat mixte et ses membres afin d'assurer notamment des économies

[176] L'article L.5711-1 applicable aux PETR prévoit que ceux-ci sont soumis aux dispositions des chapitres Ier et II du titre Ier du livre II de la cinquième partie du CGCT. L'article L.5211-17 appartient au chapitre Ier du livre II.

d'échelle et une cohérence dans l'activité des personnes publiques sur le territoire[177].

Dans le cadre des compétences transférées, les services mis en place au niveau du PETR peuvent être mis à disposition des intercommunalités membres pour l'exercice de leurs propres compétences en application de l'article L.5211-4-1 du CGCT[178], l'article D. 5211-16 prévoyant les modalités de remboursement. Ce dispositif permet ainsi au PETR qui dispose de personnels qualifiés en matière d'ingénierie, de mettre à disposition un service spécifique pour exercer une compétence, c'est-à-dire du matériel et un personnel qualifié.

En dehors de compétences transférées, les EPCI membres et le PETR peuvent mettre en place des services mutualisés[179] sur des missions « fonctionnelles » comme la gestion du personnel ou « opérationnelles », comme l'instruction de demandes.

Enfin, il est notamment prévu par le titre IV susmentionné que le PETR peut se doter de services unifiés[180] dans les conditions de l'article L.5111-1-1 du CGCT. La mise en place de services unifiés permet de regrouper des services et des équipements au sein d'un seul service par la voie de convention qui doit prévoir l'objet dudit service et les modalités de remboursement des dépenses liées à son fonctionnement.

D'autres dispositifs ouvrent par exemple la possibilité de provoquer une « entente intercommunale » permettant aux PETR, aux communes ou aux intercommunalités de

---

177 DEFFIGIER Clotilde, « Les services communs : une optimisation... complexe ! », *JCP A*, 2014, 2052 pp. 1-6.
178 Article L5211-4-1 III du CGCT.
179 Article L5211-4-2 du CGCT.
180 Article L.5741-2 III du CGCT.

passer « entre eux des conventions à l'effet d'entreprendre ou de conserver à frais communs des ouvrages ou des institutions d'utilité commune »[181].

Une conférence intercommunale, sans personnalité juridique, peut également être créée afin de débattre de questions d'intérêt commun entre représentants des conseils municipaux, communautaires et du conseil syndical intéressés[182]. Enfin, il est par exemple possible pour le PETR et ses membres de mettre en place un groupement de commandes[183] afin d'engager de manière conjointe des marchés publics.

Par ailleurs, les PETR ont aussi la faculté d'adhérer à des associations ou à d'autres organismes comme des sociétés publiques locales (SPL)[184].

La mise en place du projet de territoire du PETR est ainsi variée : chaque structure est libre, dans le cadre des dispositions relatives aux pôles d'équilibre et aux syndicats mixtes fermés, de déterminer, au sein de ses statuts, les missions et actions qui devront être menées par le PETR.

Ces statuts prévoient également les compétences transférées au PETR ainsi que les instruments qui peuvent être mis en place pour favoriser une coopération maximale entre les intercommunalités et les communes membres, fondés sur des mécanismes prévus par le législateur ou sur des conventions.

---

[181] Article L.5221-1 du CGCT.

[182] Article L.5221-2 du CGCT.

[183] Article L. 1414-4 du CGCT.

[184] Le PETR du Pays du Sud Toulousain, du Pays Lauragais, du Pays Midi-Quercy et du Pays Val d'Adour sont par exemple membres de la SPL AREC en région Occitanie.

Le PETR, créé volontairement par les EPCI-FP est ainsi un outil souple, bien qu'encadré, favorisant la coopération entre ses membres et les collectivités ou personnes publiques externes au groupement. Il permet de fédérer, de mutualiser, de coordonner et d'exercer certaines compétences à l'échelle d'un bassin de vie.

Limité par son statut de syndicat mixte, le PETR ne peut intégrer directement au sein de la prise de décisions les autres acteurs et reste tenu par une coopération juridiquement délimitée, coopération qui autrefois pouvait prendre la forme d'une association sans contrôle renforcé du représentant de l'Etat, de la comptabilité et sans organes internes imposés.

L'institutionnalisation du PETR a toutefois tenté de conserver l'esprit du pays par le maintien du conseil de développement ou l'inscription dans la loi d'un projet de territoire souple et malléable par chaque structure. Les parlementaires ont ainsi cherché à développer un syndicat mixte *sui generis* porté sur le projet et la réflexion commune, projet qui reste, comme pour les pays, le fondement de toutes les politiques, internes comme externes, menées par le PETR.

Si les dispositions juridiques relatives au PETR ont tenté, malgré certaines réserves, de reproduire l'esprit du pays, la pérennité de ces instances aux bilans locaux hétérogènes est questionnée.

Partie 2

La concrétisation du projet de pays par le PETR, une mise en œuvre malléable à la prospérité incertaine

« Supprimer les pays, c'est remettre en cause une architecture territoriale cohérente ». Mais c'est « faire aussi une victime collatérale en faisant disparaître dans les territoires ruraux une ingénierie territoriale composée de jeunes et talentueux chargés de missions » a noté Philippe Duron, député du Calvados, lors de l'examen de la loi de réforme des collectivités territoriales le jeudi 18 février 2010[185].

En effet, les pays ont joué, depuis leur naissance et leur institutionnalisation jusqu'à leur disparition juridiquement programmée, un rôle fondamental dans l'ingénierie territoriale. Celle-ci est intrinsèquement liée à l'élaboration et à la mise en œuvre du projet de territoire qui nécessite des agents spécialisés dans l'étude, le diagnostic, le suivi de projet, la coordination et l'animation du territoire.

L'élaboration et la mise en œuvre d'un projet de territoire adapté et conforme aux réalités du territoire peuvent se dessiner autour de quatre grands principes[186], nommés « leviers de la territorialisation ». Le projet doit d'abord correspondre aux caractéristiques géographiques, historiques, culturelles et politiques du territoire et aux besoins locaux, exprimés par les acteurs institutionnels, les citoyens ou les professionnels situés sur le périmètre en question. Le projet est ainsi décloisonné et mêle des acteurs de différents milieux, c'est le deuxième levier. Il doit ensuite être co-construit avec ces mêmes acteurs mais aussi avec les autres personnes publiques intéressées

---

185 PIVETEAU Vincent « L'ingénierie territoriale, défi pour la gouvernance », *POUR,* 2011, n°209-210, p. 159.

186 BARBAROT Anne-Sophie, BERRIET-SOLLIEC Marielle, LEPICIER Denis, RENARD Tiphaine, TIVEYRAT David et VOLLET Dominique, « Propositions méthodologiques pour mesurer la territorialisation des projets de développement rural », *Économie rurale,* 2013, n°336, pp.81-88.

entretenant des relations avec le territoire. Enfin, le projet de territoire ne saurait être pertinent que s'il propose une vue transversale, relative à plusieurs politiques publiques, qui nouent entre-elles des connexions complexes et rendent nécessaire une mise en œuvre coordonnée des activités et actions du territoire. Si nous avons vu que la structure du PETR et son projet de territoire, tel qu'institutionnalisé par le code général des collectivités territoriales, poussent à l'élaboration d'un projet territorialisé de ce type dans la même philosophie que les anciens pays, il s'agit à présent d'étudier plus en détail la pratique de ces établissements publics dans la rédaction du contenu matériel de leur projet.

En outre, s'interroger sur la concrétisation du projet de territoire des pôles d'équilibre territoriaux et ruraux, élaboré comme nous l'avons vu sur un fondement contractuel, nécessite de se poser les questions suivantes : quels sont les avantages tirés de la création d'un PETR et de l'élaboration d'un projet de territoire pour ses membres ? Comment se met en place la gouvernance des PETR ? Sur quelle légitimité ce « groupement de groupements », peut-il fonder son action ? Quel impact le projet de territoire du PETR a-t-il aujourd'hui dans le paysage institutionnel, largement transformé depuis les débuts de la « politique de pays » et quel avenir se dessine pour cet outil ? Quelles sont les activités principalement menées par les PETR ?

Nous verrons d'abord que la grande liberté laissée aux territoires dans l'élaboration de leur projet a permis de faire des PETR, au même titre que les pays, des outils audacieux (Chapitre 1) avant de souligner que le PETR reste malgré tout un dispositif qui, comme le pays, pourrait être à terme menacé, du fait notamment de la banalisation de la notion de « projet de territoire » et de la mutation des politiques des intercommunalités (Chapitre 2).

Chapitre 1 - La matérialisation libre et audacieuse du projet de territoire à travers une politique territoriale diversifiée : le pays expérimenté et « expérimentateur »

Dans leur article « Dispositifs et outils de gouvernance territoriale », Sylvie Lardon, Eduardo Chia et Hélène Rey-Valette mettent en exergue, à propos de l'ingénierie territoriale que « les dispositifs d'apprentissage sont au cœur des dynamiques de gouvernance territoriale, car de nouveaux acteurs émergent, de nouveaux enjeux se font jour, de nouvelles modalités de coordination des actions individuelles et collectives sont nécessaires »[187]. En effet, l'intelligence des territoires se développe aujourd'hui sur leur capacité à se saisir des enjeux contemporains, à se former à leur sujet et à développer une véritable politique en adéquation avec ceux-ci. Cette ingénierie passe aussi par la faculté qu'ont ces territoires de jouer le rôle de médiateur territorial[188] afin de favoriser l'acceptation sociale dans la mutation des politiques publiques.

Le PETR, grâce à son projet de territoire souple, malléable et flexible dans le temps[189], a pour vocation de

[187] CHIA Eduardo, LARDON Sylvie et REY-VALETTE Hélène, « Introduction : Dispositifs et outils de gouvernance territoriale », *Norois*, 2008, n°209, pp. 7-13.

[188] DEPRAZ Samuel « Introduction générale : Pourquoi et comment travailler l'acceptation sociale dans les territoires », *in* DEPRAZ Samuel, CORNEC Ute et GRABSKI-KIERON Ulrike (dire.), *Acceptation sociale et développement des territoires,* 2016, Lyon, ENS Editions.

[189] Article L5741-2, alinéa 7 « Il est révisé, dans les mêmes conditions, dans les douze mois suivant le renouvellement général des organes délibérants des établissements publics de coopération intercommunale à fiscalité propre qui le composent. »

développer une véritable intelligence territoriale permettant une fédération des intercommunalités autour d'axes structurants et fédérateurs. Une fois le projet de territoire adopté, il est régulièrement mobilisé, lorsque les intercommunalités membres le désirent, pour mettre en action les grandes orientations du territoire, et cela notamment par l'exercice de compétences.

Le déploiement d'une réelle ingénierie territoriale se traduit ainsi dans un premier temps par la prise en charge de missions et de compétences techniques et pointues, notamment transférées par les EPCI au pôle d'équilibre territorial et rural (section 1). Il se confirme dans un second temps par la participation même des PETR au développement et à la mise en valeur de nouveaux enjeux publics, développement favorisé par la mobilisation d'agents spécialisés dans l'ingénierie de projet (section 2).

Section 1 - Des pôles réceptacles de compétences techniques

Outre leur mission principale d'élaboration du projet de territoire, les PETR peuvent se voir confier par leurs membres des compétences assez importantes et structurantes, compétences que les EPCI-FP ne sont pas eux-mêmes en mesure de porter. En effet si, selon les chiffres de l'AdCF[190], un établissement public de coopération intercommunale moyen est composé en 2019 de 29 communes et de 54.187 habitants, ce nombre n'est pas représentatif des collectivités rurales, qui, même en se regroupant par dizaines au sein de PETR, peinent à rassembler 50.000 habitants. C'est par exemple le cas du PETR cœur de Lorraine qui regroupe quatre EPCI-FP, 123

---

[190] Site internet : https://www.adcf.org/chiffres-cles.

communes pour seulement 27.000 habitants[191], ou du PETR du Pays du Perche ornais avec ses 71 communes et ses 46.000 habitants[192]. Dès lors, la constitution d'un pôle d'équilibre territorial et rural est fondamentale pour pouvoir déléguer des compétences de plus en plus techniques confiées aux EPCI par la loi. En ce sens, les PETR jouent un rôle crucial dans la planification et le diagnostic du territoire (§1) et portent très souvent l'ambition de rendre attractives les collectivités incluses dans leur périmètre (§2).

§1 - Le rôle cardinal du PETR dans la planification et le diagnostic du territoire

Alors que le projet de territoire doit préciser les actions « en matière de développement économique, d'aménagement de l'espace et de promotion de la transition écologique », de nombreux PETR, comme les pôles métropolitains[193], se sont vu transférer par leurs membres des compétences en matière de planification. Le PETR est en effet un périmètre reconnu pour ce genre d'exercice comme le note le Professeur Gérard-François Dumont : « pour le diagnostic territorial, une autre échelle, aux caractéristiques administratives moins prononcées, car de nature particulière, est le *pays*, périmètre issu de la recherche d'une dimension adéquate des projets de développement du territoire, et devenu depuis la loi Maptam *pôle d'équilibre territorial et rural* (PETR) »[194].

---

[191] Site internet : https://www.petr-coeurdelorraine.com/le-petr/.

[192] Site internet : https://pays-perche-ornais.jimdosite.com/.

[193] EDDAZI Fouad, *Planification urbaine et Intercommunalité, Thèse* de droit, 2011, Université d'Orléans, p.239.

[194] DUMONT Gérard-François, « Chapitre 2. Le choix de l'échelle géographique pour un diagnostic pertinent », *in* DUMONT Gérard-

L'élaboration et la révision du SCoT est, comme nous l'avons déjà précisé[195], une compétence largement transférée à des pôles d'équilibre. La récente réforme du SCoT, par l'ordonnance n°2020-744 du 17 juin 2020, a notamment modifié l'article L.143-3 du code de l'urbanisme afin d'inciter au transfert de la compétence à un périmètre pertinent[196], ce dernier disposant que « le périmètre du schéma de cohérence territoriale prend en compte les déplacements et modes de vie quotidiens au sein du bassin d'emploi, les besoins de protection des espaces naturels et agricoles ainsi que les besoins et usages des habitants en matière de logements, d'équipements, d'espaces verts, de services et d'emplois ». En 2021, de nombreux PETR élaborent, révisent ou ont déjà approuvé un schéma de cohérence territoriale. C'est le cas pour le PETR du Pays du Centre Ouest Bretagne, le PETR du Segréen, le PETR Centre Ouest Aveyron, le PETR du Pays de Châlons-en-Champagne ou le PETR Union des Communautés de communes du Sud de l'Aisne[197]. Le SCoT fait ainsi l'objet d'une planification stratégique par le PETR[198], planification d'autant plus opportune que les intercommunalités sont chargées en

François (dir.) *Les territoires français : diagnostic et gouvernance. Concepts, méthodes, applications*, 2018, Paris, Armand Colin p. 23-42.

[195] Voir *supra* Partie 1, chapitre 2, section 1, §1.

[196] CARPENTIER Elise et NOGUELLOU Rozen « Que tout change pour que rien ne change : les ordonnances du 27 juin 2020 en matière d'urbanisme », *AJDA* 2020, p.2258.

[197] Outil « SCoT en Action » de la Fédération nationale des SCoT, 2021.

[198] Voir *supra* sur l'assimilation SCoT et projet de territoire, Chapitre 2, section 1, §2.

principe d'élaborer le PLUi[199], qui doit être compatible avec le schéma de cohérence territoriale.

Les pôles d'équilibre territoriaux et ruraux se voient aussi fréquemment confier la charge d'élaborer le Plan climat-air-énergie territorial[200,201] qui correspond elle aussi à une compétence « stratégique ». Il est en effet question d'élaborer un document de planification à travers un diagnostic du territoire et d'énumérer des orientations clés afin de prévenir le changement climatique en développant notamment le recours aux énergies renouvelables et en réduisant la consommation énergétique[202]. A titre d'exemple, le PETR Dieppe Pays normand[203] ou le PETR Bruche Mossig[204] sont compétents en la matière. Tout

---

[199] Article L.153-1 « le plan local d'urbanisme couvre l'intégralité du territoire : 1° de l'établissement public de coopération intercommunale compétent en matière de plan local d'urbanisme, de document d'urbanisme en tenant lieu et de carte communale ».

[200] « Compétence des pôles d'équilibre territoriaux et ruraux pour les plans climat-air-énergie territorial », réponse du ministère de la cohésion des territoires et des relations avec les collectivités territoriales, publiée dans le Journal officiel du Sénat du 9 janvier 2020, page 170.

[201] L'article L.229-26 du Code de l'environnement dispose que « Le plan climat-air-énergie territorial peut être élaboré à l'échelle du territoire couvert par un schéma de cohérence territoriale dès lors que tous les établissements publics de coopération intercommunale à fiscalité propre concernés transfèrent leur compétence d'élaboration dudit plan à l'établissement public chargé du schéma de cohérence territoriale ».

[202] Le II de cet article définit le PCAET comme fixant les « objectifs stratégiques et opérationnels » de la collectivité pour atténuer le changement climatique et le « programme d'actions à réaliser ».

[203] Site internet : https://www.dieppe-pays-normand.fr/petr-dieppe-pays-normand/les-objectifs.

[204] Statuts issus d'une délibération en date du 18 décembre 2019.

comme le projet de territoire du PETR, le PCAET peut être fondu dans le SCoT. On parle alors de SCoT-AEC[205].

Certains PETR comme le PETR du Pays de Saint-Brieuc[206] sont également chargés d'élaborer, de mettre en œuvre et de suivre le Schéma d'aménagement et de gestion des eaux (SAGE) en tant qu'établissement public territorial de bassin. Le PETR se voit ainsi confier un rôle d'animation et de coordination des différents acteurs de l'eau et des programmes comme ceux visant à lutter contre les algues vertes, à prévenir les inondations ou à préserver les ressources en eau. A ce titre, le PETR-EPTB du Pays de Saint-Brieuc est missionné pour « mettre en place une méthode de hiérarchisation des situations à risques de produits phytosanitaires vers le milieu »[207]. En outre, un « contrat territorial de la baie de Saint-Brieuc » a été conclu entre l'Agence de l'eau Loire-Bretagne, le Pôle d'équilibre territorial et rural, les communautés membres et différentes instances comme la chambre d'agriculture des Côtes-d'Armor, afin d'améliorer « la qualité des eaux et des milieux aquatiques du bassin de la baie »[208]. L'Etat, la région et le conseil départemental sont aussi parties à ce contrat.

Par ailleurs, la compétence « Gestion des milieux aquatiques et prévention des inondations » (GEMAPI), dont la technicité est telle qu'elle nécessite une mise en synergie de professionnels qualifiés, d'élus, et de

---

[205] Note du *CEREMA* « SCoT tenant lieu de PCAET (SCoT-AEC) : le Cerema décrypte l'ordonnance de 2020 sur la modernisation des SCoT (partie 4) » par OLEI Sarah.

[206] Arrêté portant modification du Pôle d'équilibre territorial et rural du pays de Saint-Brieuc en date du 19 décembre 2017.

[207] Disposition QE-14 du SAGE de la Baie de Saint-Brieuc.

[208] Contrat territorial de la baie de Saint-Brieuc, validé par la Commission Locale de l'Eau le 7 juillet 2017 et amendé le 13 octobre 2017.

différentes collectivités, fait l'objet pour un certain nombre d'EPCI, d'un transfert à un groupement de collectivités comme un PETR, un syndicat mixte, un établissement public territorial de bassin (EPTB) ou un établissement public d'aménagement et de gestion de l'eau (EPAGE)[209]. Le PETR du Pays des Nestes[210] ou le PETR Pays de Lourdes et des vallées des Gaves[211] se sont, par exemple, vu transférer la compétence GEMAPI.

A travers ces illustrations, le PETR se distingue donc par ses compétences techniques en matière de planification liée à l'urbanisme et au développement durable, compétences qui lui permettent de mettre en mouvement sa matière grise dans le domaine de l'ingénierie et de la coordination en mobilisant en parallèle son savoir-faire dans la sollicitation des acteurs de la société civile et d'autres collectivités. De plus, le transfert de ces compétences à une échelle plus large permet de penser le territoire de façon résiliente en termes de transition écologique, énergétique et économique, cette vaste entreprise ne pouvant être réalisée sur un périmètre trop restreint.

L'outil du PETR est par ailleurs très mobilisé en matière d'attractivité et d'accueil des populations, cette notion faisant régulièrement l'objet d'un volet au sein des projets de territoire.

---

[209] PISSALOUX Jean-Luc « La mise en œuvre de la compétence GEMAPI » *in* LERIQUE Florence, PISSALOUX Jean-Luc (dir.), *L'ingénierie territoriale, quels prolongements à la réforme territoriale ?*, 2019, Paris, L'Harmattan, p.60.

[210] Site internet : https://www.paysdesnestes.fr/gemapi/.

[211] Arrêté du 30 avril 2019 portant modification des statuts du PETR du Pays de Lourdes et des vallées des Gaves.

§2 - L'ingénierie du PETR au service de l'attractivité du territoire

De nombreux PETR disposent d'un projet de territoire mentionnant l'importance de rendre le territoire « attractif ». Le projet de territoire du PETR Cœur des Hauts-de-France note par exemple la nécessité pour celui-ci de « renforcer l'attractivité du territoire, notamment vis-à-vis des jeunes ménages »[212]. A ce titre, nous illustrerons cette importance de l'attractivité, par la compétence promotion du tourisme, largement transférée aux PETR, mais aussi par l'essor de la compétence mobilité consacrée par la loi d'orientation des mobilités (LOM)[213].

La compétence « tourisme » des intercommunalités est une activité phare pour les collectivités qui ont développé une véritable ingénierie en matière de tourisme.

D'une part, elle permet d'attirer et de faire connaître le territoire. D'autre part, elle est interconnectée avec d'autres compétences et elle est un véritable levier pour le développement économique et culturel des collectivités.

La loi NOTRe prévoit en la matière un transfert de plein droit de la compétence « promotion du tourisme, dont la création d'offices de tourisme », compétence devenue obligatoire, pour les communautés de communes et communautés d'agglomération. Le code du tourisme ajoute, à l'article L.134-5 que « plusieurs groupements de communes désirant s'associer pour la promotion du tourisme peuvent instituer un office de tourisme par délibérations concordantes de leurs organes délibérants ».

---

[212] Projet de territoire 2018-2020 du pôle d'équilibre territorial et rural Cœur des Hauts-de-France, juin 2018, p.17.

[213] Loi n° 2019-1428 du 24 décembre 2019 d'orientation des mobilités.

Cette opportunité a été saisie par un certain nombre d'EPCI membres de PETR qui se sont vu attribuer la mission de créer un office du tourisme sous la forme associative, sous la forme d'une entreprise publique locale ou d'un établissement public industriel et commercial (EPIC), dont les missions sont rappelées par l'article L.133-3 du même code.

La loi de 27 décembre 2019 dite « Engagement et proximité »[214] a précisé les contours de la compétence en soulignant que « l'animation touristique » est une compétence partagée qui peut s'exercer concurremment entre les communes, les EPCI et leurs groupements.

A titre d'exemple, le PETR du Pays Ruffécois[215] dispose d'un office de tourisme supra-communautaire sous la forme d'un EPIC[216] : les membres du comité de direction de l'office sont ainsi désignés par le PETR, dont le bureau est composé d'un Vice-Président au tourisme insufflant les grandes orientations touristiques du territoire.

Le PETR du Pays de Langres a quant à lui mis en place un schéma d'aménagement et de développement touristique[217], là encore dans une volonté d'étudier et d'élaborer une stratégie liée au tourisme. La compétence promotion du tourisme ne lui a pas été confiée mais celui-ci est chargé de veiller à la coordination des politiques en

---

[214] Loi n° 2019-1461 du 27 décembre 2019 relative à l'engagement dans la vie locale et à la proximité de l'action publique.
[215] Arrêté préfectoral du 30 avril 2020 relatif aux statuts du PETR du Pays Ruffécois.
[216] Site internet : https://www.ruffecois-tourisme.com/espace-pro/qui-sommes-nous/.
[217] Schéma d'aménagement et de développement touristique du Pays de Langres.

la matière[218]. Il intervient directement sur le territoire par des politiques d'aménagement ou d'entretien des sites touristiques et collecte la taxe de séjour pour trois de ses communautés de communes.

Les PETR ont également développé un savoir-faire en termes de marques territoriales, permettant de défendre des caractéristiques propres ou d'améliorer leur visibilité. C'est par exemple le cas de l'ancien Pays Chaunois devenu « Pays Picard Vallées de l'Oise et de l'Ailette » qui a déposé une marque sous la même appellation en mars 2021 auprès de l'Institut national de la propriété industrielle (INPI) afin de « mieux identifier le territoire, fédérer l'ensemble de ses élus, et en rappeler la vocation touristique »[219]. Le PETR Pays de Cocagne a lui aussi une marque enregistrée à son nom. Par ailleurs, le PETR Pays Portes de Gascogne a déposé la marque « Vélo de Pays », afin de créer en 2018 un service de location de vélos à assistance électrique pour sensibiliser à l'écotourisme et aux mobilités douces[220].

La mobilité est d'ailleurs une autre compétence tout aussi fondamentale pour les PETR.

La LOM de 2019 a poursuivi l'objectif de mettre en place sur le territoire un binôme région-

---

[218] La création d'un office de tourisme pour l'ensemble du Pays est envisagée. Dans sa candidature LEADER 2014-2020, celui-ci actait que les trois offices de son territoire « souffrent d'un manque de structuration et doivent s'interroger sur leur dimensionnement à l'échelle du pays (évolutions structurelles et organisationnelles) ». http://www.pays-langres.fr/wp-content/uploads/2019/07/candidature-LEADER-version-finale.pdf

[219] OLIVA Delphine, « Changement de nom et de stratégie au Pays Chaunois », *L'Union*, 20 février 2021.

[220] Site internet : https://www.pro.tourisme-gers.com/single-post/2018/05/29/les-velos-de-pays-vae-en-pays-portes-de-gascogne.

intercommunalité[221], l'intercommunalité jouant le rôle d'une autorité organisatrice de la mobilité (AOM) locale soutenue par la région. Cette dernière exerce en effet un rôle de cheffe de file de la mobilité.

Alors que les métropoles, communautés urbaines et d'agglomération sont compétentes de plein droit, les communautés de communes ont eu jusqu'au 31 mars 2021 pour délibérer afin de se saisir de la compétence mobilité pour devenir l'AOM locale. A partir du 1er juillet 2021, si les communes membres de ces communautés ont approuvé le transfert de la compétence à leur EPCI-FP, ceux-ci deviennent des AOM locales et peuvent ensuite transférer la compétence mobilité à une échelle supra-communautaire comme le PETR.

La LOM a prévu et a institutionnalisé ce transfert, reconnaissant le savoir-faire de ces structures supra-communautaires dans la planification et la coordination des politiques publiques en lien avec les autres acteurs institutionnels. Cela se traduit notamment par l'article L.1231-1 du Code des transports qui prévoit que « (...) les syndicats mixtes mentionnés aux articles L. 5711-1 et L.5721-2 du Code général des collectivités territoriales et les pôles d'équilibre territoriaux et ruraux mentionnés à l'article L.5741-1 du même code, après le transfert de cette compétence par les établissements publics de coopération intercommunale qui en sont membres, sont les autorités organisatrices de la mobilité dans leur ressort territorial ». L'AOM devant assurer « la planification, le suivi et l'évaluation de leur politique de mobilité »[222], le PETR apparaît comme particulièrement qualifié dans cette

---

[221] BEKKALI Michael et CHARLES Jean-Baptiste, « Une nouvelle donne pour la régulation des transports », *Énergie - Environnement – Infrastructures,* mars 2020, n° 3.

[222] Article L.1231-1-1 du Code des transports, III.

mission, ce plan de mobilité n'étant toutefois pas obligatoire pour les agglomérations de moins de 100.000 habitants[223].

Avant que la LOM ne l'officialise, certains pays avaient déjà mis en place des initiatives liées aux transports collectifs.

C'est par exemple le cas du Pays du Lunévillois, un territoire peu dense et rural dont 30 % des communes comportent moins de 100 habitants, qui, à partir de 2011, a lancé une étude sur les bassins d'emplois et d'activités autour de Lunéville et de Baccarat afin de connaitre les inégalités et besoins relatifs aux transports en commun. En mobilisant le conseil de développement et en recrutant un assistant à maîtrise d'ouvrage, le Pays s'est avéré, par le biais d'un diagnostic, être l'échelon pertinent pour mettre en place plusieurs programmes : agence de mobilité pour diffuser une information sur les différentes offres, mise en place de lignes régulières entre les villes-centres et agglomérations, services à la demande, travaux d'aménagement autour des gares, location de vélos à assistance électrique, création et animation d'aires de covoiturage, mise en place de garages solidaires[224]…

Des initiatives en matière de mobilités douces ont, avant la LOM, déjà été envisagées par les PETR comme le PETR du Pays Rhin-Vignoble-Grand Ballon[225], le Pays

---

[223] GARDERE Anne, « Loi d'orientation des mobilités et communautés de communes : le transfert de la compétence "mobilités" aura-t-il lieu ? », *JCP A*, 2 mars 2020, n°9, 2058.

[224] Mode d'emploi « Les territoires de projet et la compétence mobilité » du *CEREMA* et de l'*ANPP*, auquel j'ai participé.

[225] Schéma de mobilité du territoire Rhin-Vignoble-Grand Ballon, phase 1 de diagnostic : https://www.rhin-vignoble-grandballon.fr/wp-content/uploads/2018/11/Etude-Pays-RVGB-Diagnostic.pdf.

Sud Toulousain[226] ou le PETR du Pays du Sundgau et ses lignes de covoiturage[227], ces pôles s'étant saisis de leurs prérogatives larges et de leurs missions générales de développement pour poursuivre des initiatives en matière de mobilité.

Le programme AcoTE[228] (acteurs et collectivités engagés pour l'éco-mobilité) lancé par l'ANPP, CertiNergy et la Roue Verte, vise par ailleurs à sensibiliser l'ensemble des PETR et pays autour des questions de covoiturage et cherche à les encourager dans la création de lignes et le partage de leurs expériences.

Ainsi, les transferts de compétences des EPCI membres aux PETR, qu'ils soient prévus par la loi ou décidés par les EPCI-FP eux-mêmes, permettent aujourd'hui de renforcer les compétences de coordination, d'animation et d'études dont dispose par essence le PETR, compétent pour élaborer le projet de territoire. De surcroît, fort de ses expériences et de cette « culture » du diagnostic, le PETR se révèle avant tout être un expérimentateur, qui, tout comme le pays, invente, innove et teste la mise en œuvre de certaines politiques publiques, comme nous venons partiellement de le voir, en anticipant les besoins du territoire.

---

[226] Plan de mobilité rurale du Pays Sud Toulousain, Plan d'action 2017-2025 : https://payssudtoulousain.fr/sites/default/files/docs-publications/plan_mobilite_rurale_pays_sud_toulousain_plan_daction.pdf.

[227] BLIND-GANDER Noëlle « Deux axes de covoiturage dynamique dans le Sundgau », *L'Alsace*, 27 janvier 2021.

[228] Site internet : https://www.acote-covoiturage.fr/.

Section 2 - L'intelligence territoriale, l'atout des PETR dans le développement différencié des territoires ruraux

Les pays ont joué un rôle fondamental en s'intéressant à des problématiques qui ne suscitaient pas encore l'intérêt de l'Etat mais qui répondaient pourtant à de véritables besoins et à une demande des citoyens de leur territoire.

Les PETR et les pays sont ainsi de véritables acteurs dans l'émergence et la prise en compte des nouvelles politiques publiques (§1), mobilisant des agents et ingénieurs spécialisés dans des matières pointues, dans la planification, le diagnostic et la coordination des projets locaux (§2).

§1 - Des acteurs fondamentaux dans l'essor de nouvelles réflexions sur l'exercice des politiques publiques

En dehors des compétences classiques et reconnues qui leur sont transférées, les territoires de projet ont pu jouer de leurs statuts peu encadrés et des missions larges qui leur sont attribuées en lien avec le projet de territoire pour développer, pour le compte de leurs membres, des politiques publiques innovantes avec d'autres collectivités supra-communautaires et en bénéficiant notamment de fonds européens.

La question de l'alimentation durable est par exemple une problématique largement prise en compte par les pays et PETR.

Les pays bénéficient en effet d'une certaine vitrine et d'une image ancrée dans les problématiques liées au terroir, au local et aux traditions.

Dès 2011 par exemple, le syndicat mixte du Pays de Figeac a initié le projet « Terres de Figeac, mêlée gourmande »[229] réunissant les acteurs locaux, consommateurs, restaurateurs et producteurs, autour de l'instauration d'une véritable « gouvernance alimentaire locale » pour mettre en valeur l'artisanat et les produits locaux[230].

Le pays du Giennois note, dans un état des lieux élaboré par la région Centre-Val de Loire en 2018[231] que celui-ci mène des activités « relativement anciennes »[232] sur la thématique agricole qui se mettent notamment en place au travers d'aides à l'élevage et à la diversification.

Le Pays des Châteaux[233] fait par ailleurs savoir qu'il a commencé ses réflexions autour du circuit court dès les années 2010, problématiques ensuite incorporées à la programmation LEADER, les politiques européennes de la PAC s'inscrivant dans ces thématiques[234].

---

229 « Figeacteurs & alimentation », site internet : http://www.figeacteurs.fr/wp-content/uploads/2019/05/Fiche-alimentation.pdf.

230 BILLION Camille, « La gouvernance alimentaire territoriale au prisme de l'analyse de trois démarches en France », *Géocarrefour*, 2017.

231 Dynamiques de projets alimentaires territoriaux en région Centre-Val de Loire, état des lieux, octobre 2018.

232 *Ibid,* p. 42.

233 *Ibid,* p.34.

234 JOUEN Marjorie et LORENZI Frédérique, « La dimension territoriale et politique des circuits courts alimentaires : représentations et enjeux dans le débat européen sur la politique agricole commune », *Sciences Eaux et territoires*, 2014, n°13, pp. 12-19.

Le législateur s'est ensuite saisi de cette question de l'alimentation par le biais de la loi LOAAF[235] en mettant en place les projets alimentaires territoriaux[236].

Les intercommunalités de taille conséquente ou les PETR sont apparus comme des échelons privilégiés[237] pour animer ces projets visant à élaborer un diagnostic, avec les acteurs locaux, sur l'éducation alimentaire, la production durable, la préservation des ressources et des paysages.

Le projet alimentaire du PETR Cœur Entre-deux-Mers a par exemple été reconnu et labellisé par le ministère de l'agriculture et de l'alimentation[238].

A côté de cette institutionnalisation de la démarche alimentaire, les PETR poursuivent diverses initiatives en la matière[239], comme la très sérieuse démarche des « Apéros de Pays » du PETR Pays Portes de Gascogne et

---

[235] Loi n° 2014-1170 du 13 octobre 2014 d'avenir pour l'agriculture, l'alimentation et la forêt

[236] L'article 39 de la loi prévoit en ce sens que « I. - Après l'article L. 111-2-1 du code rural et de la pêche maritime, il est inséré un article L. 111-2-2 ainsi rédigé : "Art. L. 111-2-2. - Les projets alimentaires territoriaux mentionnés au III de l'article L. 1 sont élaborés de manière concertée avec l'ensemble des acteurs d'un territoire et répondent à l'objectif de structuration de l'économie agricole et de mise en œuvre d'un système alimentaire territorial. Ils participent à la consolidation de filières territorialisées et au développement de la consommation de produits issus de circuits courts, en particulier relevant de la production biologique (…) ».

[237] MARECHAL Gilles, NOEL Julien et WALLET Fréderic, « Les projets alimentaires territoriaux (PAT), entre rupture, transition et immobilisme », *POUR*, 2019, p. 5.

[238] Site internet : https://www.coeurentre2mers.com/le-pat-du-coeur-entre-deux-mers-laureat-du-programme-nationale-pour-l.html.

[239] Ces démarches peuvent être intégratrices et rassembler l'ensemble des enjeux agricoles et alimentaires, tels que la Charte Agricole du PETR Pays d'Arles.

du Pays Lauragais pour valoriser les produits de leur territoire et les circuits alimentaires de proximité[240], la marque ayant même été déposée auprès de l'INPI.

Le domaine du numérique est aussi un volet important des projets de territoire des pôles d'équilibre.

Le Pays de Verdun a, entre autres, mis en place une plateforme « MeuseTech » visant à réunir les différents projets portés par les acteurs locaux en lien avec le numérique et les nouvelles technologies.

Il joue alors bien son rôle de « pays », à savoir encourager et planifier les initiatives locales tout en expérimentant de nouvelles techniques pour informer les citoyens et encourager le développement d'idées innovantes.

Dès 2017[241], celui-ci a mis en place des forums citoyens pour élaborer une stratégie ascendante en matière du numérique à destination de ses sept intercommunalités.

Il a également institué une plateforme de e-commerce local avec SMD Pépinière d'Entreprise pour encourager le développement économique de son territoire.

Les PETR mènent aussi des actions de diagnostic territorial sur la couverture numérique de leur territoire[242] et créent, par exemple, des plateformes collaboratives

---

[240] « Charte d'engagement des apéros de Pays » : http://www.payslauragais.com/sites/scot-lauragais/files/fichiers/charte_apero_de_pays_charte_1.pdf.

[241] Site internet : http://meusetech.fr/projets/les-ateliers-numeriques-pour-definir-la-strategie-du-pays-de-verdun.

[242] Tel que le PETR Vallée de Montluçon et du Cher en 2018 : https://vallee2.fr/le-pays-en-actions/amenagement-services-a-la-population/usages-numeriques/.

destinées à promouvoir l'e-tourisme[243], à mobiliser les citoyens autour de la lutte contre le changement climatique[244] ou à démocratiser la culture[245].

Le PETR Pays Portes de Gascogne organise quant à lui, chaque année, les « Rencontres du numérique », qui prennent la forme d'ateliers de robotiques, de formation contre l'illectronisme ou d'événements autour de l'univers du jeu vidéo[246].

Les questions de l'habitat, de la rénovation urbaine, des énergies vertes sont des problématiques que l'on retrouve au cœur des projets de territoire, problématiques souvent relayées par des stratégies et un marketing territorial prononcés, destinés à valoriser le territoire.

On peut par exemple citer la marque collective « Terres de hêtre » déposée en 2011 à l'INPI par le PETR du Pays d'Epinal Cœur des Vosges afin de promouvoir la filière du bois local et développer tout un réseau de la transformation et de la commercialisation de hêtre[247].

---

[243] Comme la Plateforme Provence Pays d'Arles du PETR Pays d'Arles.

[244] « Forum citoyen pour agir » lié à la compétence PCAET du PETR Forêt d'Orléans-Loire-Sologne : https://foretorleans-loire-sologne.fr/actualites/plan-climat-donnez-votre-avis-sur-le-forum.

[245] Le PETR Mâconnais Sud Bourgogne a créé une plateforme « Wikipays », encyclopédie numérique visant à fédérer les habitants autour d'une mémoire commune et le partage d'informations sur le territoire. Site internet : https://wiki-macon-sud-bourgogne.fr/index.php?title=Accueil.

[246] Site internet : https://www.paysportesdegascogne.com/culture/les-rencontres-numeriques/.

[247] TREHET Christophe, « Couveuse d'activité pour la filière bois gérée dans le cadre d'un GIP (88), *Banque des territoires,* 15 janvier 2020 : https://www.banquedesterritoires.fr/couveuse-dactivite-pour-la-filiere-bois-geree-dans-le-cadre-dun-gip-88.

Les initiatives des PETR sont généralement transversales et se répondent, puisque pensées autour du projet global de territoire.

Le PETR du Pays Nivernais Morvan a par exemple mis en place en 2016 un collectif « Villages du Futur »[248] dans le cadre d'une opération collective de modernisation de l'Artisanat, du Commerce et des Services (OCMACS) visant à renforcer l'attractivité sociale et commerciale des centres-bourgs et à fédérer les entreprises, les commerçants et les habitants autour d'événements et de projets.

Ce collectif a permis de mobiliser toute une équipe d'architectes, d'urbanistes et de sociologues.

Un chantier participatif a notamment été organisé pour restructurer la place d'une commune membre et un atelier participatif a été imaginé pour réaménager les boutiques inoccupées d'un bourg.

Dans le souhait de mettre en place l'ensemble de ces activités innovantes, les pays puis les PETR ont initié le recrutement d'agents compétents pour suivre, animer les projets locaux et mobiliser des compétences de plus en plus techniques.

§2 - Le déploiement d'agents spécialisés dans l'ingénierie et le projet

« Le développement de métiers et de savoir-faire professionnels spécifiquement appliqués aux enjeux de développement local et de développement durable » ainsi

[248] Rapport « L'aventure des villages du futur » de 2019, https://www.paysnivernaismorvan.fr/images/les-villages-du-futur/VillagesDuFutur.pdf.

que le transfert conséquent de compétences aux collectivités marquent selon Alain Faure[249] la territorialisation de l'action publique qui se formalise par la « structuration de filières spécialisées et de nouveaux métiers dans les champs de l'aménagement, de l'environnement ou de l'action sociale ».

La technicité des domaines d'intervention des collectivités territoriales nécessite en effet une évolution dans les méthodes de recrutement de celles-ci qui cherchent à mobiliser aujourd'hui des agents qualifiés, spécifiquement compétents dans un domaine et issus de cursus adaptés pour répondre aux nouveaux besoins des territoires.

Ces agents, qualifiés « d'assembliers polyvalents »[250] par Robin Degron ont pris une place fondamentale dans les PETR puisqu'ils constituent les pierres angulaires de la coopération entre élus, juristes, économistes et techniciens au sein des territoires de projets.

L'activité des PETR est aujourd'hui confiée aux mains de quelques agents par les groupements membres, agents qualifiés pour piloter et animer des projets de territoire.

L'équipe de chaque PETR, qui semble en moyenne ne pas être supérieure à 10 agents, peut se décomposer en deux fonctions types.

---

[249] FAURE Alain « Action publique territoriale », *in* COLE Alistair, PASQUIER Romain et GUIGNER Sébastien (dire.) *Dictionnaire des politiques territoriales, Presses de Sciences Po*, 2011, Paris, Presses de Sciences Po, col. « Sciences Po Gouvernances », p. 28.

[250] DEGRON Robin « L'ingénierie territoriale en question : quels « territoires » avec quels soutiens financiers » in LERIQUE Florence et PISSALOUX Jean-Luc (dire.), *L'ingénierie territoriale, quels prolongements à la réforme territoriale ?*, 2019, Paris L'Harmattan, p.60.

On retrouve d'abord des emplois classiques d'administration générale liés au statut d'établissement public : poste de direction, de comptabilité, d'assistance de gestion, de secrétariat.

Ces équipes traditionnelles sont enrichies par la présence d'agents chargés d'animer le territoire, de coordonner les politiques publiques et d'encadrer les projets sur le territoire dans des domaines particuliers. On retrouve alors de nombreux postes de « chargés de missions », de « chef de projets » ou « d'assistants de projets ». Certains de ces agents ont le grade d'ingénieur territorial, avec des missions scientifiques et techniques précises comme l'architecture, la gestion des infrastructures, la prévention et la gestion des risques, l'aménagement, l'informatique ou l'énergie.

Cette seconde catégorie d'emplois est la plus présente au sein des pôles territoriaux et ruraux.

Par exemple, l'équipe du Pays de Langres se compose entre autres d'une « chargée de mission LEADER », d'un « chargé de mission Innovation Economie », d'un « responsable tourisme, chargé de mission SCoT » et d'une « coordinatrice du Contrat local de santé »[251].

Le PETR Pays Lauragais dispose par exemple d'un « chargé de mission développement culturel », d'une « chargée de mission tourisme et communication », d'un « conseiller en énergie partagé », d'une « chargée de mission aménagement et urbanisme », de gestionnaires du GAL, d'un « chargé de mission transition énergétique » et d'une « chargée de mission urbanisme »[252].

---

[251] Site internet : http://www.pays-langres.fr/lequipe/.
[252] Site internet : http://www.payslauragais.com/lequipe-technique.

Le PETR Pays d'Arles compte parmi son équipe un « chef de projet PCAET », une « chargée de mission attractivité », une « chargée de développement touristique », un « chargé de mission agriculture » ou encore une « animatrice du Conseil de développement territorial »[253].

Un récent rapport d'information du Sénat[254] sur l'ingénierie territoriale souligne à propos du PETR que celui-ci permet, dans « le cas des intercommunalités dites "XXL", comportant un nombre important de communes dans un territoire diffus et avec une faible population (la caractéristique des zones rurales) » de surmonter les difficultés « financières et structurelles » afin d'atteindre une « taille critique à l'échelle du pays », une « maille territoriale adéquate de gestation et de réalisation des projets »[255].

En ce sens, le PETR est vu comme un véritable instrument permettant aux petites intercommunalités de se fédérer afin de recruter pour l'ensemble du territoire du pays des agents qualifiés et compétents pour animer des activités techniques pour le compte des communes.

Malgré cette « mutualisation » au sein du PETR, un double problème se pose pour le « groupement de groupements ».

D'abord, le recrutement d'agents qualifiés se heurte, pour les petits PETR, à la règle selon laquelle les établissements publics assimilés à des communes de

---

[253] Site internet : https://www.pays-arles.org/le-petr/lequipe/.

[254] COSTES Josiane et GUENE Charles, Rapport d'information du Sénat fait au nom de la délégation aux collectivités territoriales et à la décentralisation sur l'ingénierie territoriale et l'agence nationale de la cohésion des territoires, 2 juillet 2020, rapport n°591.

[255] *Ibid*, p. 55.

moins de 40.000 habitants ne peuvent recruter librement les agents avec un grade élevé comme celui d'administrateur territorial ou d'ingénieur en chef[256].

Les PETR sont ensuite également limités par leurs moyens financiers, même lorsque les communes se regroupent. Ils peuvent ainsi rapidement voir leurs désirs de recrutements limités par des contraintes économiques[257].

Face à ces difficultés, le rapport du Sénat susmentionné préconise d'affecter aux PETR une partie des crédits de la dotation d'équipement des territoires ruraux (DETR) et de la dotation de soutien à l'investissement local (DSIL) afin de concourir à la rémunération de leurs agents recrutés pour des missions d'ingénierie[258]. Il note également la nécessité d'alléger les règles d'affectation de la fonction publique territoriale afin de permettre un plus large recrutement des ingénieurs et des cadres au sein des équipes des PETR[259].

« Les pays, c'est l'ingénierie territoriale par essence »[260] affirmait le 3 décembre 2020 le secrétaire d'Etat à la Ruralité Joël Giraud. Aujourd'hui, les principales missions du PETR, encouragées par l'Etat, lui

---

[256] « Création de certains grades pour les agents des pôles d'équilibre territoriaux et ruraux », réponse du Ministère de l'action et des comptes publics publiée dans le Journal officiel du Sénat du 7 décembre 2017, page 3866.

[257] DERDAELE Elodie, « Les PETR : cuisine et dépendances d'une réforme territoriale méconnue », *Civitas Europa,* n°35, 2015, pp. 139-160 ». Madame Derdaele souligne notamment dans son article que dans les zones rurales, « l'ingénierie professionnelle fait tant défaut ou demeure bien onéreuse pour les petites structures ».

[258] Rapport n°591. *op. cit.,* p. 14.

[259] *Ibid,* p. 58.

[260] ZAPALSKI Emilie, « Joël Giraud : Les pays, c'est l'ingénierie territoriale par essence », *Localtis,* 9 décembre 2020.

permettent ainsi de s'affirmer comme un territoire de projet offrant un réel privilège aux collectivités rurales pour penser, conjointement et durablement, dans une logique d'interterritorialité, le futur du territoire.

Toutefois, tout comme le pays, la mise en œuvre du projet de territoire se heurte à quelques difficultés idéologiques et politiques qui peuvent constituer une réelle menace pour les pôles d'équilibre territoriaux et ruraux.

Chapitre 2 - Un territoire de projet fragilisé dans son objet : la philosophie du pays concurrencée

Les PETR, au nombre de 124 sur le territoire[261], sont aujourd'hui fragilisés par un double mouvement malgré leur effectif.

D'un côté, le législateur et l'Etat semblent de plus en plus réticents à l'idée de les incorporer dans certaines de leurs politiques, préférant privilégier la formation d'EPCI-FP d'une taille plus importante (section 1). Le législateur et les gouvernements successifs, dans l'élaboration des lois ou des règlements, en viennent parfois à oublier l'existence même des PETR, de leur potentiel et de leur mission de mise en œuvre du projet de territoire.

D'un autre côté, les PETR sont aujourd'hui critiqués, comme les pays l'ont été en 2010 lors de l'abrogation de leur régime juridique, pour la potentielle importance qu'ils peuvent prendre sur le plan administratif, réveillant ainsi les fantômes d'un mille-feuille territorial régulièrement stigmatisé (section 2).

Par ailleurs, la pertinence du modèle du PETR a également été discutée par un très récent référé de la Cour des comptes qu'il paraît nécessaire de commenter (section 3).

---

261 Selon les chiffres de la DGCL, https://www.collectivites-locales.gouv.fr/collectivites-locales-chiffres-2022.

Section 1 - L'influence de l'Etat sur la pertinence et l'autonomie des PETR dans l'élaboration d'un projet de pays

Si selon le Professeur Jacques Caillosse l'intercommunalité « travaille en profondeur l'identité de notre système local d'administration »[262] depuis la Révolution, les années 1990 ont marqué un tournant conséquent dans l'émergence d'une intercommunalité dite « de projet ». Auparavant, le législateur a ponctuellement joué un rôle d'incitateur, invitant les collectivités à se regrouper autour de structures, d'abord pensées comme des moyens de mutualisation de la gestion de services. Mais l'émergence de l'idée d'une intercommunalité fédératrice, notamment grâce à une fiscalité propre, a particulièrement initié les regroupements institutionnalisés autour d'un projet commun réfléchi entre communes voisines.

Alors que les pays reconnus par l'Etat se sont développés concurremment aux communautés de communes, communautés d'agglomération et communautés urbaines, ceux-ci ont dans un premier temps été écartés par le législateur afin de promouvoir et de concentrer les intercommunalités autour de la notion d'EPCI-FP.

Le « retour » des pays à des missions plus claires et encadrées par le biais du PETR, qui devait éliminer toute ambiguïté entre le pays et les EPCI, est pourtant marqué aujourd'hui par un véritable brouillage des frontières entre les deux établissements publics (§1).

---

[262] CAILLOSSE Jacques, « Sur quelques lieux communs de l'intercommunalité » *in* CAILLOSSE Jacques (dir.) *Intercommunalités. Invariance et mutation du modèle communal français*, 1994, Rennes, PUR, p.18.

A cette ambiguïté s'ajoute un déséquilibre important que l'Etat instaure vis-à-vis des PETR, déséquilibre notamment perceptible du fait de la dépendance financière de ces derniers (§2).

§1 - L'effacement progressif de la spécificité du PETR et de son projet de territoire

Le pays et le PETR ont progressivement perdu de leur spécificité au profit des « EPCI 2.0 ». Ce constat peut se faire sur trois plans : celui de leur taille, de leur mission et de leur composition.

En premier lieu, la réforme des collectivités territoriales de 2010 a marqué un changement conséquent dans la politique intercommunale française. L'Etat a en effet renforcé ses pouvoirs, par le biais du préfet, notamment en matière de délimitation des périmètres de l'intercommunalité, afin de rationaliser et forcer les communes à se regrouper autour de territoires plus vastes et cela sans entrer dans des considérations politiques opportunistes avec les communes limitrophes[263].

Cette accélération de l'intercommunalité, à travers la fixation de seuils plus importants et de prérogatives renforcées aux mains des préfets en matière de procédure de création, de rattachement ou de fusion[264], s'est accompagnée par une volonté de renforcer le caractère intégrateur des EPCI-FP. Le législateur a ainsi imposé le transfert progressif de certaines compétences aux EPCI :

---

[263] KADA Nicolas, « Préface » *in* CHICOT Pierre-Yves (dir.) *Mutation des communes Quelle intercommunalité de projets ? Pour quel développement des territoires locaux ?*, 2016, Paris, L'Harmattan, p. 24.

[264] Le nombre d'EPCI à fiscalité propre est passé de 2133 en 2015 à 1253 en 2021 selon la DGCL.

plan local d'urbanisme intercommunal, promotion du tourisme, eau et assainissement, GEMAPI, SCoT, mobilité... Ces transferts ont pourtant fait l'objet de nombreuses dérogations, actées par la mise en place, par exemple, de certaines minorités de blocage afin de répondre à la crainte des élus communaux d'une fuite de leurs prérogatives vers l'EPCI et d'une centralisation des compétences au niveau de cet établissement public.

Au cœur de ce mouvement, qui s'est renforcé après les années 2010 et qui ne justifie pas, dès 2010, l'abrogation de son régime juridique, le pays a été confronté à un réel dilemme. La première hypothèse le pousse à disparaître au profit d'EPCI beaucoup plus grands. D'ailleurs, il existe aujourd'hui de nombreuses communautés de communes ayant une dénomination débutant par le terme « pays » comme le Pays de Fontenay de Vendée, le Pays de Craon ou le Pays des Sources. La seconde hypothèse l'incite à se transformer en PETR et à s'agrandir, pour regrouper plusieurs EPCI. Comme nous l'avons vu, la loi MAPTAM a tenté d'enfermer le pays dans un cadre unique, celui du syndicat mixte fermé qui ne peut regrouper que des EPCI-FP. Par la création du PETR, le législateur souhaite alors éviter la multiplication de modèles variés de « pays » et cherche à décourager les communes dans la création d'autres syndicats intercommunaux « non-identifiés » (autres que les pôles métropolitains, pôles d'équilibre...) afin que celles-ci concentrent leur attention autour de la structure de l'EPCI-FP[265].

Le législateur laisse en outre la porte ouverte aux pays qui se sont transformés en PETR pour se retourner vers la première hypothèse précédemment détaillée, celle de la

---

[265] FERREIRA Nelly, « L'intercommunalité syndicale, entre rationalisation programmée et réalité des territoires », *AJCT*, juin 2018, n°6, p. 300

fusion. A cet égard, l'article L.5741-5 du CGCT dispose que « le conseil syndical du pôle d'équilibre territorial et rural peut proposer aux établissements publics de coopération intercommunale à fiscalité propre qui le composent de fusionner dans les conditions prévues à l'article L. 5211-41-3 ».

En deuxième lieu, l'Etat encourage aujourd'hui de plus en plus les EPCI à se doter eux-mêmes d'un « projet de territoire ». Si les EPCI-FP ne disposent pas d'un document nommé « projet de territoire » comme les PETR, l'Etat les invite à penser une stratégie globale dans la mise en œuvre de leurs compétences[266].

Une récente circulaire relative au CRTE[267], des contrats entre l'Etat et les collectivités visant à financer des projets transversaux et une ingénierie territoriale pour les mettre en œuvre en témoigne. Celle-ci vise « dans la durée du mandat municipal 2020-2026 » à « accompagner les collectivités dans leur projet de territoire vers un nouveau modèle de développement, résilient sur le plan écologique, productif et sanitaire ». Transversal, le CRTE ne peut pas être attribué par le préfet à un périmètre « inférieur à la maille intercommunale ni supérieur à la maille départementale », l'échelon intercommunal et leurs

---

[266] L'article L.5214-1 du CGCT invite déjà les communautés de communes à élaborer « un projet commun de développement et d'aménagement de l'espace », tandis que l'article L.5215-1 incite les communautés urbaines à « conduire un projet commun de développement urbain et d'aménagement de leur territoire », expression similaire pour les communautés d'agglomération à l'article L.5216-1 du CGCT. Enfin, l'article 5217-1 relatif à la métropole envisage « un projet d'aménagement et de développement économique, écologique, éducatif, culturel et social de leur territoire ».

[267] Circulaire du 24 novembre 2021 relative à l'élaboration des contrats territoriaux de relance et de transition écologique.

groupements étant privilégiés. L'ANCT note en mars 2021 que 75 % des périmètres retenus[268] pour mettre en œuvre les CRTE sont des périmètres intercommunaux qui bénéficieront notamment d'un accompagnement par l'agence pour mobiliser et développer l'ingénierie sur le territoire.

On voit ainsi que l'intercommunalité est prioritaire dans les nouveaux contrats mis en place par l'Etat, ce que l'on voyait également au travers du programme « Action cœur de villes », signé entre la ville centre, son intercommunalité et l'Etat[269].

En dernier lieu, la structure de l'intercommunalité tend à se rapprocher de la structure du PETR qui faisait autrefois sa spécificité. Le conseil de développement, grande spécificité du PETR et de sa philosophie du pays tournée autour de la réunion des acteurs socio-économiques locaux est aujourd'hui un élément que doivent intégrer les plus grands EPCI et les métropoles. L'article 88 de la loi NOTRe puis l'article 57 de la loi du 27 janvier 2017[270] ont en outre généralisé le conseil de développement pour tous les EPCI de plus de 20.000 habitants[271], seuil relevé par la loi Engagement et proximité à 50.000 habitants.

Ce conseil de développement est notamment consulté sur « l'élaboration du projet de territoire », les « documents de prospective et de planification » ainsi que

---

[268] Site internet de l'agence : https://agence-cohesion-territoires.gouv.fr/crte-832-perimetres-definis-et-510-territoires-accompagnes-455.

[269] Instruction du gouvernement en date du 18 avril 2018 relative au programme « Action Cœur de ville ».

[270] Loi n°2017-86 du 27 janvier 2017 relative à l'égalité et à la citoyenneté.

[271] Article L.5211-10-1 du CGCT.

sur la « conception et l'évaluation des politiques locales ». Le rôle de coordination et de concertation du PETR, pensé lors de sa création, se confond avec celui de l'intercommunalité.

De plus, la loi Engagement et proximité a étendu le dispositif de la conférence territoriale des maires[272], déjà mis en place au sein des PETR, et a créé le pacte de gouvernance afin de renforcer le dialogue entre l'EPCI et les maires.

Ce mouvement témoigne que les EPCI sont devenus, à l'instar des PETR, du fait de leur extension et de leur système de gouvernance, des structures éloignées de la collectivité qui devrait être au centre de leur préoccupation : la commune[273].

Après la loi MAPTAM l'instituant, le PETR n'a jamais été au cœur de grosses réformes contrairement à l'intercommunalité à fiscalité propre. Cette dernière, qui a profondément muté vers des territoires plus larges, fusionnés, avec des compétences fédératrices et des instances informelles d'entente et de coopération mais aussi des mécanismes de participation de la société civile, tend à évoluer vers le modèle du territoire de projet. Ce phénomène est notamment encouragé par des financements et des aides techniques de la nouvelle Agence nationale de la cohésion des territoires. Le PETR risque ainsi de devenir aux yeux de tous un simple « EPCI d'EPCI ». Son maintien sur certains territoires questionne, malgré son importance dans la fédération des

---

[272] GARDERE Anne « Intercommunalités : vers un retour en force des communes ? », *JCP A,* 7 octobre 2019, n°40.

[273] TREPPOZ BRUANT Armelle, « Intercommunalité et communes- L'intercommunalité du XXIe siècle ou Le Prométhée moderne », *Droit administratif,* décembre 2020, n'°12, étude 16.

intercommunalités et dans la création d'un véritable réseau autour d'un territoire beaucoup plus large.

Sans fiscalité propre, le PETR est dépendant, dans la mise en œuvre du projet de territoire, des dotations des EPCI membres et de l'Etat. Ce dernier, en plus de rapprocher le modèle de l'EPCI-FP du PETR, est aujourd'hui très présent dans la vie de ce groupement d'intercommunalités.

§2 - L'encadrement du projet de territoire par l'Etat : un PETR « labellisé »

A titre liminaire, comme nous l'avons vu, le projet de territoire est un véritable socle permettant au PETR de contractualiser avec d'autres collectivités territoriales[274]. Si cette intégration du PETR auprès d'autres acteurs et des pouvoirs publics est bienvenue, elle le rend néanmoins dépendant de leur positionnement vis-à-vis de sa structure. C'est notamment le cas de certains départements et régions[275] qui préfèrent aujourd'hui, compte tenu de la taille des nouvelles communautés d'agglomérations et de communes, contractualiser avec elles plutôt qu'avec les PETR.

L'Etat a également sa part de responsabilité dans l'instrumentalisation du PETR pour deux principales raisons. En effet, celui-ci use de plus en plus de la contractualisation avec les territoires pour leur imposer une certaine vision et rend, par ailleurs, les compétences des collectivités tellement techniques que les territoires

[274] Voir *supra,* Partie 1, Chapitre 2, section 2

[275] DORE Gwénael, « Les régions françaises et le soutien aux territoires depuis 2016 », *Revue d'économie régionale et urbaine*, 2020, pp. 533- 554.

deviennent de simples secteurs « d'application » des politiques publiques.

Comme le note le Professeur Bertrand Faure « on assiste de façon générale à une segmentation croissante de l'action publique, qui s'impose imparablement à la décentralisation : pour l'Etat, chacune de ses préoccupations du moment devient objet de politique publique par des législations particulières, détaillées et sans cesse mise à jour (…) »[276]. Ainsi, l'Etat arrête des objectifs en imposant l'exercice de certaines compétences complexes aux territoires, compétences qui nécessitent soit une aide à l'ingénierie, comme en témoigne la création récente de l'ANCT, soit une aide financière, qui se concrétise par différents programmes liés à la ruralité, à l'habitat, à la transition écologique ou à la rénovation énergétique.

Elodie Derdaele parle d'un « prêt-à-porter des politiques publiques »[277], qui vient considérablement réduire le libre arbitre des PETR.

La contractualisation permet à l'Etat de réaffirmer son emprise sur les territoires en préférant une gestion rationalisée, responsable et économe en deniers publics, celle-ci étant plus un acte unilatéral affirmant ses attentes qu'un accord bilatéral.

Pour se légitimer et accroître leur visibilité et leur financement[278], les PETR attendent ainsi d'obtenir des

---

[276] FAURE Bertrand « Théorie et pratique des compétences des collectivités territoriales face à la crise sanitaire », *AJDA*, 2020, p.1727.

[277] DERDAELE Elodie, « Les PETR : cuisine et dépendances d'une réforme territoriale méconnue », *Civitas Europa*, 2015, n°35, pp. 139-160

labels de la part de l'Etat ou d'être désignés lauréats d'appels à projets nationaux, ce qui accentue en outre les rivalités et les concurrences entre les territoires pour l'obtention de fonds.

Toutefois, grâce à leur ingénierie préexistante, ceux-ci sont particulièrement efficaces dans le montage de dossiers et le dépôt de candidatures. Les « contrats territoire lecture » (CTL) du ministère de la culture en sont un exemple[279], tout comme les projets alimentaires territoriaux précédemment évoqués.

On peut également citer le label « Pays d'Art et d'Histoire » délivré par le ministère de la culture pour reconnaître et développer les actions en matière de valorisation et de conservation du patrimoine.

Le PETR Pays Vallée du Loir en est par exemple lauréat[280] comme le PETR du Pays Charolais-Brionnais[281].

D'autres labels existent dans le secteur économique comme le label « Territoires d'industrie », le PETR du Pays des Nestes, le PETR du Pays Comminges Pyrénées ou le PETR d'Ariège[282] ayant entre autres été sélectionnés pour bénéficier de ressources financières visant à attirer et revitaliser les territoires industriels.

---

[278] CARLIER Patricia « L'utilisation des labels sur un territoire de projets en Occitanie, approche stratégique et technique », *Patrimoines du Sud*, 2019, n°9.

[279] Récemment, le PETR Cœur des Hauts-de-France a conclu un contrat de ce type avec la direction régionale des affaires culturelles (DRAC).

[280] Site internet : https://pays-valleeduloir.fr/le-territoire-le-pays/le-pays-dart-et-dhistoire/.

[281] Site internet : https://www.charolais-brionnais.fr/pays-d-art-et-d-histoire.html.

[282] Le site de l'ANCT recense les territoires sélectionnés : https://cartotheque.anct.gouv.fr.

Enfin, la candidature au label du pôle d'excellence rurale (PER), initié en 2005 et qui visait à soutenir les projets destinées à renforcer la compétitivité en milieu rural[283], a été portée par certains PETR tel que le PETR du Pays de Verdun avec le thème du « développement et mise en réseau numérique de la filière touristique du Pays de Verdun » afin d'obtenir des financements en 2010[284].

Dans sa thèse *L'ingénierie territoriale vue des pays : une bureaucratie professionnelle territoriale en gestation*, Dany Lapostolle note que « l'ingénierie territoriale définie comme une bureaucratie professionnelle territoriale est-elle bien le vecteur d'une recentralisation paradoxale de la gestion publique »[285]. Celui-ci note en effet, comme nous l'avons vu pour les PETR, que la mise en place des pays, et donc de l'ingénierie territoriale, positionne les territoires dans une situation paradoxale. D'un côté, ceux-ci sont au centre des ingérences de l'Etat et de l'autre, ces derniers aspirent à une plus grande liberté et autonomie locale dans la mise en place de politiques différenciées et innovantes. L'ingénierie participe, selon lui, à une recentralisation et à un contrôle de la norme et des décisions, comme nous l'avons détaillé avec la « labélisation » des PETR. L'Etat rend, comme le souligne justement Dany Lapostolle, « auditables » les politiques publiques.

Aussi, l'institution du PETR comme élaborateur et acteur d'un projet de territoire semble être pour l'Etat une véritable opportunité pour créer un laboratoire du futur

---

[283] CEAPRAZ Ion Lucian « Les pôles d'excellence rurale en France : Une success-story d'inspiration industrielle dans le milieu rural », *POUR*, 2016, n°229, pp. 175-182.

[284] http://www.pays-de-verdun.fr/pays-de-verdun-pole-d-excellence-rurale.php.

[285] LAPOSTOLLE Dany, *L'ingénierie territoriale vue des pays : Une bureaucratie professionnelle territoriale en gestation,* Thèse de sciences politiques, 2010, Université Lumière Lyon 2, p. 300.

« EPCI » intégrateur, aux politiques publiques variées, innovantes et techniques, ce que note Elodie Derdaele lorsqu'elle considère que les PETR pourraient « constituer l'assise territoriale d'EPCI aux aires géographiques et démographiques plus vastes »[286].

Si ces considérations étatiques méprennent les préoccupations des collectivités rurales, les EPCI-FP ne semblent aujourd'hui pas encore tous prêts à adopter les prérogatives et missions des PETR. Sur 150 intercommunalités interrogées par l'AdCF[287], 33 % se sont dit « ne pas disposer d'un projet de territoire propre », ce projet étant porté pour ces territoires à 47 % par des PETR, à 12 % par des « Pays », à 12 % par des PNR et à 29 % par des syndicats de SCoT. Pour les autres EPCI, disposant d'un projet de territoire ou entamant des procédures d'élaboration, la question de l'articulation de ces projets avec ceux de potentiels PETR dont ils sont membres se posent. Ces projets de territoire sont-ils autant pertinents que ceux des PETR ? Ces territoires disposent-ils d'ingénierie suffisante ? Comment penser un projet de territoire global si chaque membre dispose d'un projet de territoire propre ? Quelle plus-value du PETR dans cette situation ?

Outre cette transformation externe de l'environnement du PETR, la légitimité du fonctionnement interne de celui-ci comme porteur de projet est également questionnée.

---

[286] DERDAELE Elodie « Les PETR : cuisine et dépendances d'une réforme territoriale méconnue », *op. cit.*

[287] Assemblée des Communautés de France, « Projet de territoire : ambition, méthodes et pratiques », décembre 2020, p.20.

Section 2 - La légitimé du périmètre du « territoire de projet » interrogée

Le nouveau périmètre des projets de territoire et donc des pôles ruraux, encouragés à muter et à regrouper de plus grands EPCI, peut aujourd'hui être contesté sur deux fondements. D'un côté, les PETR peuvent sembler devenir, comme les parlementaires le craignaient lors de l'institutionnalisation du pays, de nouveaux « échelons administratifs » (§1). D'un autre côté, les PETR, qui ont vocation selon la philosophie de pays à rapprocher le citoyen de la prise de décision, paraissent au contraire éloigner les administrés d'une échelle d'élaboration des politiques publiques toujours plus lointaine (§2).

§1 - Le PETR ou la crainte d'un nouvel échelon administratif

Nous avons précédemment démontré que le PETR, par les normes d'ingénierie qui lui sont confiées, devient une véritable « machine » bureaucratique à projets, qui fait intervenir des agents qualifiés et une méthodologie singulière.

Dominique Voynet souligne pourtant en 2006, dans le rapport « Quel avenir pour les pays »[288] que celui-ci n'est ni un échelon d'administration territoriale ni une collectivité locale. Si l'exclusion de la qualification de collectivité locale se comprend sans difficulté, le refus de le caractériser comme un échelon administratif semble plus délicat.

[288] FOUCHE Alain, Rapport d'information fait au nom de la délégation du Sénat à l'aménagement et au développement durable du territoire sur l'avenir des pays, 28 juin 2006, rapport n°430, p. 18.

Le PETR n'est en effet pas une structure d'entente sans forme juridique ou une simple convention ou charte signée par des collectivités voulant s'engager mutuellement.

C'est un syndicat mixte, qui se voit confier la mission d'élaborer un projet de territoire, projet qui nécessite le recrutement d'agents spécialisés, mais aussi d'agents administratifs de comptabilité, de secrétariat, d'assistanat de direction. Ce syndicat mixte peut se voir confier des compétences complexes par les EPCI qui ne peuvent pas les supporter elles-mêmes, compétences qui peuvent être mobilisées grâce à des subventions obtenues par contrats ou des dotations provenant des groupements membres. Par ailleurs, ces groupements cherchent régulièrement à mettre en place des mécanismes de délégation ou de mutualisation de services. Enfin, certains documents comme le SCoT s'imposent aux membres du PETR dans la rédaction de leurs documents d'urbanisme.

Si ces différents constats permettent au contraire d'affirmer que le PETR est un véritable échelon administratif, il est également loisible de s'apercevoir que ce syndicat mixte est aujourd'hui marqué par un autre phénomène de transfert de compétences en cascade. En effet, de plus en plus de compétences sont transférées de droit aux structures intercommunales, complétées par les transferts volontaires de communes qui recherchent pour la plupart à rationaliser les dépenses de leur collectivité. Ne pouvant s'occuper de toutes ces compétences, notamment en milieu rural, certaines intercommunalités ont pris le réflexe de transférer aux PETR plus de compétences que celles nécessaires pour mettre en œuvre le projet de territoire. Certaines de ces compétences ne sont ainsi pas celles que l'on attribuerait « par nature » aux PETR, étant liées à la gestion courante et non à la mission initiale de prospection du pays.

Lors du rapport de 2006 sur l'avenir du pays, Gérard Le Cam, sénateur des Côtes-d'Armor, avait pourtant mis en garde les parlementaires de la potentielle « pompe à compétences »[289] que peut représenter le pays venant se « substituer aux échelons traditionnels et démocratiques ».

Les statuts du pôle d'équilibre territorial et rural du Segréen[290] sont, à cet égard, particulièrement révélateurs.

Le PETR a par exemple reçu la compétence « d'animation de l'école de musique de l'Anjou Bleu » et doit assurer l'enseignement musical dans les antennes de l'école de musique en prenant en charge les dépenses, en recrutant les enseignants et en gérant les inscriptions et l'acquisition des instruments de musique. Le PETR gère également le centre local d'information et de coordination qui accompagne les personnes âgées sur le territoire et s'occupe du dispositif méthode d'action pour l'intégration des services d'aide et de soins dans le champ de l'autonomie (MAIA).

Le PETR du Pays de Sarrebourg[291] a, quant à lui, la compétence « prévention, collecte et traitement des déchets ménagers et assimilés » et engage donc un personnel technique qualifié pour la livraison, l'entretien, le compostage des déchets verts. Ce service est par ailleurs labellisé par le ministère de la transition écologique « territoire zéro gaspillage, zéro déchet ».

---

289 Rapport n°430, *op.cit.*, p. 12.
290 Statuts du PETR du Segréen en date de janvier 2018.
291 Site internet : https://www.pays-sarrebourg.fr/Nous-connaitre/Nos-missions.html.

Le PETR Pays de Langres se charge en outre de la surveillance des baignades sur des lacs et bassins de son territoire durant les vacances d'été[292].

Certains PETR se sont aussi vu confier la compétence d'instruire les demandes d'autorisation relatives au droit du sol pour les communes des groupements membres. C'est par exemple le cas du PETR Val de Saône Vingeanne[293] ou du PETR du Pays du Gévaudan Lozère[294].

Si ces transferts ou ces services mutualisés permettent à chaque groupement de s'organiser librement pour maintenir et assurer des services sur l'ensemble du territoire, ce phénomène démontre toutefois que le PETR est bien devenu un échelon administratif, qui parfois exerce des missions éloignées de sa philosophie d'origine. Par ailleurs, ce mouvement révèle la symptomatique superposition des structures sur le territoire français, et la surcharge de compétences de certaines collectivités rurales qui reportent le problème sur des échelons supérieurs.

Cette question de l'échelon administratif pourrait, à terme, menacer le PETR, le pays ayant déjà été accusé en 2010 de brouiller le paysage institutionnel et d'entraîner une mauvaise gestion des deniers publics. La légitimité du PETR dans la conduite d'un projet de territoire est donc compromise par l'agrégat de missions de gestion autour de cette structure, ces missions d'administration et de gestion pure restant néanmoins minoritaires.

---

[292] Site internet : http://www.pays-langres.fr/.

[293] Site internet : https://www.vdsv.fr/fiche-pratique.

[294] Site internet : https://www.pays-gevaudan-lozere.fr/la-structure-juridique/equipe/.

De surcroît, la légitimité du PETR dans sa mission principale est également questionnée du fait de son manque de proximité avec les administrés.

§2 - Un projet de territoire XXL : le PETR en mal de proximité ?

Dans son article, Elodie Derdaele s'interroge déjà en 2015 sur la question de la légitimité du PETR à « administrer » un territoire de façon centralisée par la mise en œuvre d'un projet de territoire alors que celui-ci se compose parfois de plus de cent communes, comme le PETR Auxois Morvan et ses deux cent onze communes[295].

Elle note à ce titre « qu'il s'agisse d'EPCI ou de PETR, c'est avant tout une affaire de notables bien insérés dans différents réseaux. Cette réforme est par conséquent une réforme d'élus pour les élus, particulièrement spécialisés dans l'action publique territoriale. Une nouvelle caste d'édiles professionnels ne serait-elle pas en train d'émerger ? »[296].

Le modèle de l'EPCI lui-même souffre déjà de sa faible représentativité. En effet, il n'existe pas de lien direct entre les citoyens électeurs dans une commune et les élus communautaires. Le système de double liste durant les élections municipales et communautaires n'est qu'un leurre et les électeurs municipaux ne sont pas directement amenés à choisir des personnes qui les représenteront à l'échelle intercommunale. Sans doute faut-il rappeler qu'une telle élection viendra reléguer au second plan la

---

[295] Site internet : https://www.auxoismorvan.fr/.

[296] DERDAELE Elodie, « Les PETR : cuisine et dépendances d'une réforme territoriale méconnue », Civitas Europa, 2015, n°35, pp. 139-160.

commune, déjà affaiblie par les transferts de compétences et la construction autoritaire de l'intercommunalité.

Cette démocratisation de l'EPCI s'éloigne encore plus lorsque l'on observe la volonté politique actuelle de renforcer, du moins en façade, la maille communale et le rôle du maire, comme l'a souligné la loi Engagement et proximité de 2019.

Le PETR est ainsi une structure composée de délégués syndicaux, choisis parmi des élus communautaires déjà en mal de légitimité. Groupement de groupements, le PETR est par ailleurs peu connu des administrés et cherche aujourd'hui, notamment par le biais du numérique et de la communication, à se faire connaître des citoyens de son territoire. Cette question de la légitimité est importante lorsque l'on s'aperçoit de la large palette de compétences dont le PETR peut se doter : est-il légitime que celui-ci s'occupe d'élaborer le projet de territoire, qui doit guider les actions des intercommunalités et donc des communes, si les personnes qui l'élaborent et l'animent ne découlent pas d'une élection populaire ? Quelles politiques doivent être privilégiées et que pense l'administré de la teneur du projet de territoire ?

Si des instances comme le conseil de développement ont été mises en place pour pallier ce manque de démocratie de proximité, encore faut-il que le PETR dispose de moyens, de personnel et de temps pour réunir la structure, la consulter et l'animer. Le conseil de développement qui peut s'essouffler sur certains territoires[297] nécessite également une mobilisation des

[297] La reconnaissance des conseils de développement est en effet variable selon la culture participative dans certains territoires. CASTEL-BIDERRE Sandrine et VITRE Gabriel « Des conseils de développement au cœur de l'intercommunalité », *BJCL*, 2017, 512.

acteurs locaux. Les élus doivent, en retour, apporter une certaine considération à ces conseils et être à l'écoute, ces derniers n'étant pas liés par leurs avis et recommandations. Par ailleurs, la pertinence du modèle du conseil de développement est aujourd'hui aussi questionnée face à la philosophie du pays : si l'esprit du pays prône un dialogue constant entre la société civile et les élus, le conseil de développement combiné aux instances hiérarchisées du PETR a conduit à isoler les différents acteurs et à ne penser leurs interactions qu'à certains moments précis de la vie du territoire, comme lors de la révision du projet de territoire. Or le pays associatif par exemple permettait aux acteurs de la société civile d'être beaucoup plus présents dans les instances de décisions, raison pour laquelle certains territoires ont décidé de ne pas adhérer à la création d'un PETR.

Ces différentes critiques sur le modèle et le fonctionnement du PETR ont notamment été reprises dans un récent référé de la Cour des comptes, rendu public le 10 mai 2022.

Section 3 - Une instance critiquée par la Cour des comptes[298]

Dans un référé en date du 26 janvier 2022, la Cour des comptes s'est questionnée sur l'avenir du PETR et a adressé plusieurs recommandations à la ministre de l'Époque, Jacqueline Gourault (§1). Le ministère a ensuite répondu à ces quelques préconisations dans un courrier, réfutant les dysfonctionnements mis en exergue par la Cour des comptes (§2).

[298] Développement ajouté a posteriori, le mémoire ayant été réalisé durant l'année 2020-2021.

§1 - Le rôle du PETR dans la coopération intercommunale récemment discuté

Pour appuyer son référé, la Cour des comptes s'est fondée sur le travail effectué par la formation inter juridictions (FIJ) qui a étudié 24 pôles d'équilibre « présentant des caractéristiques notamment de tailles et de missions différentes ». Le texte, signé par le Premier président de la Cour des comptes, Pierre Moscovici, est particulièrement critique à l'égard des PETR.

Selon la Cour des comptes, le modèle du PETR apporterait, tout d'abord, « peu par rapport à celui des pays ». Il présenterait une « rigidité institutionnelle difficilement compensée par des innovations en matière de gouvernance ». La Cour des comptes note en ce sens que la conférence des maires et le conseil de développement sont peu ou pas mobilisés par les pôles. Elle ajoute qu'il existerait un manque de transparence sur le plan financier au sein de ces institutions, engendré notamment par l'absence de signature de conventions territoriales.

Le Premier président note également que le PETR serait isolé par rapport aux autres collectivités territoriales, aux métropoles et à l'Etat, notamment dans l'élaboration des projets de territoire mais aussi dans la signature de contrats tels que les CRTE.

Par ailleurs, la Cour des comptes regrette l'illisibilité qu'entraineraient les PETR sur le territoire dans l'élaboration des politiques publiques. Elle souligne en effet que la mise en place des « projets innovants », notamment sur les thématiques de la « transition écologique, des mobilités douces et du marketing territorial » serait effectuée tantôt par les EPCI, tantôt par les PETR ou d'autres acteurs tels que les PNR ou les départements, traduisant un « éclatement ». Concernant les politiques traditionnellement attribuées aux PETR, le tourisme et le développement économique, la Cour des comptes remarque que les groupements d'EPCI n'agiraient pas concrètement dans ces matières et ne se démarqueraient donc pas d'autres collectivités telles que les régions.

La Cour affirme également, en prenant l'exemple de la gestion des fonds LEADER, que les PETR se limiteraient « à une ingénierie administrative et financière sans apport sur la nature et la définition mêmes du projet ».

Par ailleurs, la Cour des comptes ajoute que les PETR n'auraient pas permis de préfigurer une rationalisation des EPCI sur le territoire.

Après ces nombreux constats, Pierre Moscovici liste trois recommandations à destination du ministère. Il préconise tout d'abord de transformer les PETR en syndicats mixtes ouverts afin de permettre une meilleure coopération entre les EPCI, les régions et les départements. Il recommande également de fusionner les membres des PETR en grand EPCI-FP « lorsque leur périmètre peut s'identifier à celui du bassin de vie ». Enfin, la Cour conseille, « lorsque le périmètre du PETR n'est pas pertinent », de retourner à une forme associative du pays en mettant fin à l'expérience du « groupement de groupements ».

Face à ces sévères constats, Joël Giraud, ancien Secrétaire d'Etat chargé de la Ruralité, qui a pris la place de Jacqueline Gourault en tant que ministre de la Cohésion des territoires et des relations avec les collectivités territoriales après sa nomination au Conseil constitutionnel, a adressé une réponse le 4 avril 2022, également rendue publique, écartant ces trois recommandations.

§2 - Le refus, gouvernemental et local, de transformer, pour le moment, le PETR

En moins de quatre pages, les arguments de la Cour des comptes sont rejetés par le ministère.

Sur la question de la démocratie locale, le Ministre souligne brièvement qu'aucune difficulté n'a été remontée à la DGCL concernant les conférences des maires ou les conseils de développement.

Concernant les conditions financières des PETR, il renvoie la responsabilité aux EPCI membres et aux communes composant ces EPCI, qui sont, selon lui, les seuls maîtres des finances locales. Il énonce en ce sens qu'il relève de leur libre administration de déterminer « les moyens pertinents à allouer au regard des enjeux du territoire et de leurs propres capacités financières ».

En outre, le Ministre précise l'importance des PETR dans la mise en place d'un projet de territoire pour l'ensemble de leur périmètre et rappelle la plus-value qu'ils apportent par leurs fonctions de coordination et d'animation. Le PETR, établissement public supra-communautaire serait complémentaire des EPCI-FP qui sont déjà largement occupés par les nombreuses compétences transférées par leurs communes membres. Il apporterait ainsi une prise de hauteur en se concentrant notamment sur l'aménagement et le développement économique de l'ensemble du territoire mais aussi sur des politiques particulières, souvent liées au développement durable.

A propos de la contractualisation, Joël Giraud rappelle que les PETR ont été l'échelon prioritaire pour signer les contrats de ruralité pour le programme 2017-2020. Il note que 169 CRTE sont portés par des Pays ou des PETR, que 6 projets portés par des PETR sur 32 au total ont été lauréats du programme « Avenir montagnes ingénierie » mais aussi qu'une très large majorité des GAL[299] sont portés par ces territoires de projet.

Après ces quelques propos liminaires, le Ministre reprend successivement les trois recommandations faites par la Cour des comptes.

Concernant la première hypothèse, l'ancien Secrétaire d'Etat chargé de la Ruralité note que l'incorporation des départements et des régions dans le PETR ne serait pas opportune. D'une part, il craint que cela ne vienne perturber la clarté du paysage administratif local et la philosophie même du PETR, qui est de fédérer uniquement des groupements de communes entre eux. D'autre part, le Ministre assure que la réunion de ces acteurs, communes, EPCI, départements, régions, existe déjà sur le territoire et que l'élargissement en syndicat mixte ouvert viderait le PETR de sa spécificité. Enfin, il note que les deux acteurs peuvent déjà être invités à participer à l'élaboration du projet de territoire et à la conclusion des conventions territoriales, comme le permet le CGCT.

Concernant la seconde hypothèse de fusion des EPCI membres, le Ministre relève simplement que cela est envisagé par le CGCT et que la taille déjà importante des EPCI ne rend pas une fusion autoritaire impérative, celle-ci devant résulter « de l'initiative des acteurs locaux ». A ce titre, l'Association nationale des pôles d'équilibre territoriaux et ruraux et des pays (ANPP), dans une lettre adressée à la Cour des comptes, précise que 58 pays ont

[299] Groupe d'action locale, dans le cadre du programme LEADER.

« vu leurs EPCI fusionner à leur échelle au 1er janvier 2017, en application de la loi NOTRe »[300].

Enfin, concernant la solution d'inciter les PETR à prendre la forme d'une association, le gouvernement allègue que la loi laisse aujourd'hui les PETR suffisamment libres de déterminer leurs statuts, leurs missions et leur projet de territoire. La mutation en association n'apporterait pas de nouveautés sur le plan des libertés mais compliquerait le fonctionnement de ces structures dont les actes sont soumis « au contrôle de légalité » tout en les éloignant des autres acteurs publics, notamment dans le cadre des politiques contractuelles. Les PETR ne pourraient plus régler sous la forme associative certaines compétences, aujourd'hui fondamentales, telles que la réalisation du SCoT.

Pour conclure sa réponse au Premier Président de la Cour des comptes, Joël Giraud, ancien maire de la petite commune de l'Argentière-la-Bessée et attaché à la ruralité, note la nécessité pour les territoires ruraux de bénéficier d'une structure permettant de se fédérer, au même titre que ce qui est proposé pour les espaces urbains. Il n'est ainsi pas question d'abandonner la formule du PETR, pour le moment, selon le Premier ministre.

Cette conclusion est également partagée par les territoires locaux, et en premier lieu par l'Association nationale des pays et des pôles d'équilibre territoriaux et ruraux.

Dans la Gazette des communes, Michaël Restier, directeur de cette association, note que leur « rôle est de faire de l'animation territoriale, de favoriser les synergies,

---

[300] Lettre adressée à la Cour des comptes par Josiane CORNELOUP, Présidente de l'ANPP et députées de Saône-et-Loire et Nicolas SORET, Président délégué et Président du PETR Nord de l'Yonne.

d'apporter de l'ingénierie territoriale, pas d'exercer directement les compétences de développement économique. Mais par leur action, les PETR favorisent l'exercice de ces compétences »[301], ajoutant que « les magistrats de la Cour des comptes n'ont pas la culture du développement local »[302]. Le directeur de l'ANPP note toutefois que la transformation du PETR en syndicat mixte ouvert pourrait être une hypothèse à étudier[303].

Dans la même revue, Laurent Rieutort affirme que « les PETR, plus largement les pays, sont accusés par la Cour des comptes de maux dont ils ne sont pas responsables (…) Les réformes du pouvoir local, les modifications de périmètres et de compétences des collectivités s'imposent aux pays qui ont eux-mêmes été sévèrement bousculés par la loi, en 2010 »[304]. Il ajoute également que si les PETR devaient disparaître « l'Etat ne ferait pas d'économies et, sur le terrain, qui prendrait le relais du travail d'animation, de coordination, entre les décideurs comme entre les associations et les populations ? »[305].

Le référé de la Cour des comptes paraît en effet brutal pour les acteurs locaux s'investissant dans les PETR et, peut-être, trop peu nuancé. L'étude menée porte en effet sur un nombre particulièrement restreint de structures, 24 PETR pour 124.

---

[301] GERBEAU Delphine, « Pôles d'équilibre territorial et rural : le rapport au vitriol de la Cour des comptes », *La Gazette des communes, des départements et des régions,* 12 mai 2022.
[302] GERBEAU Delphine, *op. cit.*
[303] TENDIL Michel, « La transformation des PETR en syndicats mixtes ouverts ? Une solution « à instruire », estime l'ANPP », *Localtis*, 18 mai 2022.
[304] GARCIA Caroline, « Il faut sauver le soldat PETR ! », *La Gazette des communes, des départements et des régions,* 14 juin 2022.
[305] *Ibid.*

En outre, le rôle mais aussi les missions des PETR sont variables en fonction de leur situation géographique, mais également en fonction d'autres critères tels que le nombre d'habitants, la présence historique d'un pays, le contexte économique et social, le climat politique au sein des EPCI et les compétences portées par ces derniers. Une synthèse réalisée sur un petit échantillon de structures, toutes différentes, est ainsi particulièrement complexe, et donc difficilement représentative.

Pour finir, une voie intermédiaire est probablement à envisager entre l'absence de réforme et la totale transformation du PETR en syndicat mixte ouvert, en EPCI XXL ou en association, afin de réaffirmer la plus-value et le rôle du PETR tout en redynamisant son fonctionnement interne (conseil de développement, conférence des maires, liens entre les EPCI, projets de territoire et conventions territoriales) ainsi qu'en lui permettant de trouver sa place face aux autres collectivités et à l'Etat.

Conclusion

La philosophie du pays est aujourd'hui dans une situation paradoxale. Si le PETR a permis de la ré-institutionnaliser, alors que celle-ci n'avait pas disparu de la pratique des communes et des intercommunalités, son esprit se diffuse de plus en plus aux intercommunalités mêmes. Ces dernières, qui jouissent de certaines instances pour renforcer la participation des maires et de la société civile mais aussi d'un périmètre plus conséquent, sont amenées à élaborer de vrais projets de territoire, encouragées par l'Etat qui multiplie les contrats mais aussi la création et le transfert de compétences techniques. L'apparition de certaines instances comme l'Agence nationale de la cohésion des territoires permet par ailleurs de favoriser l'émergence d'une ingénierie au niveau des EPCI-FP.

Pendant le bouleversement du paysage institutionnel des années 2010, la création du PETR a tenté d'harmoniser les initiatives « pays » par la mise en place de syndicats mixtes identifiés et identifiables, en fixant leur composition et leurs missions autour d'un projet de territoire supra-communautaire. L'élaboration d'un tel projet se heurte néanmoins aux initiatives prises par les intercommunalités membres dans l'élaboration de leur propre projet, ce qui rend plus complexe la mise en place d'un projet transversal, décloisonné, transcendant les intérêts individuels de chaque intercommunalité membre du groupement. La préparation d'un projet intercommunal, qui n'est pas évidente pour tous les établissements publics de coopération intercommunale notamment en milieu rural, s'ajoute en effet à des missions vastes pour les intercommunalités. Celles-ci doivent à la fois élaborer un projet mais aussi porter des compétences techniques, comme le PLUi ou la GEMAPI, qui s'additionnent à des compétences de gestion telles que l'organisation des services publics intercommunaux, l'entretien des espaces intercommunaux, la gestion des déchets ou de l'eau et de l'assainissement.

Face au déploiement de l'intercommunalité, le PETR, qui n'est pas un syndicat comme les autres, s'est vu confier par la loi le soin, pour les intercommunalités volontaires, d'élaborer un projet de territoire dans un périmètre plus vaste afin d'imaginer les coopérations futures et d'accroitre l'interterritorialité. La philosophie du pays, loin des considérations administratives de gestion ou des divergences politiques qui gagnent les EPCI, devait permettre à cette instance de prendre le temps d'imaginer un projet, de concerter la population, les entreprises et les autres collectivités territoriales. Cependant, certaines intercommunalités ont perçu dans la structure du PETR un eldorado afin de s'alléger de certaines charges ou compétences et de mutualiser les services pour réaliser des économies d'échelles. L'Etat y a également vu le moyen d'expérimenter certaines politiques, tout en contrôlant les missions expérimentées par le PETR, allant jusqu'à encourager l'assimilation du projet de territoire du pays au SCoT, ces deux documents n'étant pas le même exercice et n'ayant pas le même esprit.

L'avenir du PETR sera celui que les territoires lui donneront : riche de ses initiatives passées, de son imagination et de ses agents qualifiés, il pourra constituer un véritable atout pour les territoires désireux de se fédérer et d'innover par des politiques publiques territorialisées et adaptées. Il apparaît en outre, dans les grandes régions ou à proximité des métropoles, comme un interlocuteur de taille et un allié au périmètre pertinent dans la mise en œuvre des politiques régionales. Certains PETR disparaitront nécessairement par le souhait de leurs intercommunalités de gérer elles-mêmes les activités de planification, de diagnostic et d'imagination du projet de territoire. Il leur appartiendra de renforcer alors les coopérations avec les collectivités voisines et *supra* afin de ne pas se refermer sur leur territoire et leurs compétences.

Le rôle du PETR est à questionner et à réaffirmer en tant qu'animateur du territoire, laboratoire dans l'émergence des projets. Il ne doit pas oublier l'importance initiale de la société civile et rechercher à la mobiliser ou la remobiliser s'il ne veut pas que sa légitimité soit questionnée face à des interrogations sur la transparence du modèle et sa participation à une politique locale bureaucratique. Enfin, un dernier écueil pourrait conduire le PETR à limiter son projet de territoire aux compétences qui lui sont déléguées et transférées, perdant ainsi toute sa force d'innovation et d'inventivité, force encouragée par des dispositions larges qui l'invitent, dans les limites du syndicat mixte, à définir un projet économique, écologique, culturel et social. A ce titre, l'échelle du PETR a un rôle fondamental à jouer aujourd'hui à l'heure du réchauffement climatique et de la nécessité de développer des diagnostics environnementaux et des projets durables décloisonnés.

Parfois isolé, le PETR doit être consulté et nouer, lorsque cela est pertinent, des liens forts avec les autres collectivités et l'Etat. Il ne doit pas être lésé par le législateur ou par des personnes publiques dans la contractualisation ou dans la coopération interterritoriale, et ses relations avec les acteurs déconcentrés, notamment le préfet, sont à réaffirmer. Le PETR doit également gagner en transparence, sur certains territoires, notamment en matière de publication, de mise en œuvre et d'évaluation de son projet de territoire mais aussi sur toutes les délibérations prises en lien avec les compétences qui lui sont données. Le projet de territoire, élément fondamental du PETR, est à valoriser avant tout et à faire connaître à l'ensemble des élus et des habitants des territoires, qui doivent, le plus possible, être concertés pour son élaboration. Par ailleurs, le modèle économique du PETR est à étudier, et ses ressources financières doivent être à la hauteur des ambitions que ses membres lui donnent s'ils veulent éviter de créer une coquille vide. Enfin, les échanges d'expérience et la coopération entre PETR sont à renforcer pour diversifier leurs actions et faire connaître les différentes facettes de ces structures.

En outre, la mutation, en association, en autre syndicat mixte ou en EPCI plus large doit être envisagée localement, par les seuls acteurs concernés. Laisser les PETR choisir leur modèle, syndicat mixte ouvert ou fermé, pourrait à ce titre permettre aux structures de se renouveler tout en ouvrant un dialogue plus intégré avec d'autres collectivités territoriales.

Cette liberté de forme est aujourd'hui l'essence de la philosophie du pays : de nombreux pays, qui ne souhaitaient pas se transformer en PETR, existent aujourd'hui sous des formes diverses (syndicats mixtes, association ou ententes) sans se reconnaître sous l'étiquette de PETR. Ces exemples doivent nous enseigner toute la diversité des « territoires de projet », des pays, qui forment aujourd'hui des échelons indispensables pour l'animation des territoires.

Les pays et les PETR doivent être des moteurs de la différenciation et du développement de politiques territorialisées, adaptées à chaque territoire. Ils doivent rester des structures libres, dans lesquelles leurs membres peuvent, dans la limite de ce qui est possible, imaginer un projet ajusté à leurs besoins.

Il en va de leur libre administration et de la nécessité de développer la politique du « cousu main », si chère à Jacqueline Gourault.

Bibliographie sélective

I. OUVRAGES

- BOUCHARDEAU Huguette et TREGUER Paul, *Pour que vivent les régions* !, 1980, Paris, Syros.

- BRAUDEL Fernand, *L'identité de la France,* Tome 1 Espace et histoire, 1986, Paris, Arthaud-Flammarion.

- FAURE Bertrand, *Droit des collectivités territoriales,* 2021, Paris, Dalloz.

- GALLOIS Lucien, *Régions naturelles et noms de pays. Étude sur la région parisienne*, 1908, Paris, Armand Colin.

- LEURQUIN Bernard, *La France et la politique de Pays*, 1997, Paris, Syros-CNFPT.

- LEURQUIN Bernard, *Pour une histoire des Pays. Archives commentées sur la Politique de Pays,* 1ème partie, 2010, Les cahiers de l'INDL, n°HS1.

- LEURQUIN Bernard, *Pour une histoire des Pays. Archives commentées sur la Politique de Pays,* 2ème partie, I, 2010, Les cahiers de l'INDL, n°HS2.

- LEURQUIN Bernard, *Pour une histoire des Pays, Archives commentées sur la Politique de Pays, 2ème partie, II,* 2010, Les cahiers de l'INDL, n°HS3.

- LOGIE Gérard, *L'intercommunalité au service du projet de territoire,* 2011, Paris, Syros- CNFPT.

- REGOURD Cécile, *Les métropoles au prisme du modèle territorial français,* 2020, Paris, Dalloz.

II. OUVRAGES COLLECTIFS ET CONTRIBUTIONS

- ANTHEAUME Benoît et GIRAUT Frédéric (dirs.), *Le territoire est mort, vive les territoires ! Une (re)fabrication au nom du développement*, 2005, Marseille, IRD Editions.

- BAUDELLE Guy (dir.), *De l'intercommunalité au pays : les régions atlantiques entre traditions et projets*, 1995, La Tour d'Aigues, Editions de l'aube.

- BLETON-RUGET Annie, BODINEAU Pierre et SYLVESTRE Jean-Pierre (dirs.), *"Pays" et territoires : de Vidal de la Blache aux lois d'aménagement et de développement du territoire,* 2002, Dijon, EUD.

- BRISSON Jean-François, « Les métropoles et le(ur)s territoires périphériques : l'impensé de la réforme territoriale » *in* KADA Nicolas (dir.), *Les discontinuités territoriales et le droit public*, 2020, Paris, Dalloz, p. 79.

- CAILLOSSE Jacques, « Sur quelques lieux communs de l'intercommunalité » *in* CAILLOSSE Jacques (dir.) *Intercommunalités. Invariance et mutation du modèle communal français*, 1994, Rennes, PUR.

- DEGRON Robin « L'ingénierie territoriale en question : quels "territoires" avec quels soutiens financiers » in LERIQUE Florence et PISSALOUX Jean-Luc (dirs.), *L'ingénierie territoriale, quels prolongements à la réforme territoriale ?*, 2019, Paris L'Harmattan.

- DEPRAZ Samuel « Introduction générale : Pourquoi et comment travailler l'acceptation sociale dans les territoires », *in* DEPRAZ Samuel, CORNEC Ute et GRABSKI-KIERON Ulrike (dirs.), *Acceptation sociale et développement des territoires,* 2016, Lyon, ENS Editions.

- DEPRAZ Samuel, « Chapitre 2. Les politiques publiques en faveur des marges » *in* DEPRAZ Samuel (dir.), *La France des marges. Géographie des espaces « autres »,* 2017, Malakoff, Armand Colin.

- DUMONT Gérard-François, « Chapitre 2. Le choix de l'échelle géographique pour un diagnostic pertinent », *in* DUMONT Gérard-François (dir.) *Les territoires français : diagnostic et gouvernance. Concepts, méthodes, applications*, 2018, Paris, Armand Colin.

- FAURE Alain « Action publique territoriale », *in* COLE Alistair, PASQUIER Romain et GUIGNER Sébastien (dirs.) *Dictionnaire des politiques territoriales, Presses de Sciences Po*, 2011, Paris, Presses de Sciences Po, col. « Sciences Po Gouvernances ».

- FREMONT Armand « Le système territorial en France, en Afrique du Sud, dans le monde. Eléments pour une comparaison », *in* ANTHEAUME Benoît et GIRAUT Frédéric (dirs.), *Le territoire est mort, vive les territoires ! Une (re)fabrication au nom du développement*, 2005, Marseille, IRD Editions.

- JEAN Yves, « Les “pays” en Poitou-Charentes : continuités et discontinuités » *in* CHAUVAUD Frédéric et PERET Jacques (dirs.), Terres marines, Etudes en hommage à Dominique Guillemet, 2006, Rennes, Presses universitaires de Rennes.

- KADA Nicolas, « Préface » *in* CHICOT Pierre-Yves (dir.) *Mutation des communes Quelle intercommunalité de projets ? Pour quel développement des territoires locaux ?*, 2016, Paris, L'Harmattan.

- MARCOU Gérard, « Les relations entre collectivités territoriales : aspects de droit comparé », pp. 31-45 *in* CAUDAL Sylvie et ROBBE François, *Les relations entre collectivités territoriales*, 2005, Paris, L'Harmattan.

- PISSALOUX Jean-Luc « La mise en œuvre de la compétence GEMAPI » *in* LERIQUE Florence, PISSALOUX Jean-Luc (dirs.), *L'ingénierie territoriale, quels prolongements à la réforme territoriale ?*, 2019, Paris, L'Harmattan.

- SESTIER Jean-François, « Les supports organiques des relations entre collectivités territoriales » *in* CAUDAL Sylvie et ROBBE

François (dirs.), *Les relations entre collectivités territoriales,* 2005, Paris, L'Harmattan.

- VANIER Martin. « L'interterritorialité : des pistes pour hâter l'émancipation spatiale », *in* ANTHEAUME Benoît, et GIRAUT Frédéric (dirs.), *Le territoire est mort, vive les territoires ! Une (re)fabrication au nom du développement*, 2005, Marseille, IRD Éditions.

III. THESES

- DEMONGEOT Benoît, *Discuter, politiser, imposer une solution d'action publique. L'exemple du tramway*, Thèse de sciences politiques, 30 mars 2011, IEP Grenoble.

- EDDAZI Fouad, *Planification urbaine et Intercommunalité,* Thèse de droit, 2011, Université d'Orléans.

- LAPOSTOLLE Dany, *L'ingénierie territoriale vue des pays : Une bureaucratie professionnelle territoriale en gestation,* Thèse de sciences politiques, 2010, Université Lumière Lyon 2.

IV. ARTICLES

A. REVUES SCIENTIFIQUES

- ANGEON Valérie et BERTRAND Nathalie, « Les dispositifs de développement rural : quelles proximités mobilisées ? », *Géographie, économie, société*, 2009, n°11.

- AUSSAGUEL François, « L'Histoire au service du territoire de projet : l'exemple du Pays Cathare », *Treballs de la Societat Catalana de Geografia,* décembre 2012, n°74, pp. 199-218.

- BARBAROT Anne-Sophie, BERRIET-SOLLIEC Marielle, LEPICIER Denis, RENARD Tiphaine, TIVEYRAT David et VOLLET Dominique, « Propositions méthodologiques pour mesurer la territorialisation des projets de développement rural », *Économie rurale,* 2013, n°336, pp.81-88.

- BARTMANN Luc, « Le bureau des établissements publics de coopération intercommunale », *RLCT*, décembre 2008, 64.

- BEHAR Daniel, ESTEBE Philippe et VANIER Martin, « Réforme territoriale : avis de décès de l'interterritorialité ? », *Métropolitiques,* 13 juin 2014.

- BEKKALI Michael et CHARLES Jean-Baptiste, « Une nouvelle donne pour la régulation des transports », *Énergie - Environnement – Infrastructures,* mars 2020, n° 3.

- BERRIET-SOLLIEC Marielle et TROUVE Aurélie « Développement des territoires de projet. Quels enjeux pour les politiques rurales ? », *Economie rurale*, 2013, n°335, pp. 7-19.

- BILLION Camille, « La gouvernance alimentaire territoriale au prisme de l'analyse de trois démarches en France », *Géocarrefour*, 2017.

- CARLIER Patricia « L'utilisation des labels sur un territoire de projets en Occitanie, approche stratégique et technique », *Patrimoines du Sud*, 2019, n°9.

- CARPENTIER Elise et NOGUELLOU Rozen « Que tout change pour que rien ne change : les ordonnances du 27 juin 2020 en matière d'urbanisme », *AJDA* 2020, p.2258.

- CASTEL-BIDERRE Sandrine et VITRE Gabriel « Des conseils de développement au cœur de l'intercommunalité », *BJCL*, 2017, 512.

- CEAPRAZ Ion Lucian « Les pôles d'excellence rurale en France : Une success-story d'inspiration industrielle dans le milieu rural », *POUR*, 2016, n°229, pp. 175-182.

- CHAHID Mohammed et DORE Gwénael « Le renouvellement de la contractualisation territoriale de l'Etat français : les contrats de ruralité », *Economie rurale*, 2021, p. 103-118.

- CHAMBOREDON Jean-Claude, « Carte, désignations territoriales, sens commun géographique : les "noms de pays" selon Lucien Gallois », *Études rurales,* janvier-mars 1988, n°109, pp. 5-54.

- CHANET Jean-François. « Terroirs et pays : mort et transfiguration ? », *Vingtième Siècle. Revue d'histoire*, 2001, n°69, 2001, pp. 61-81.

- CHIA Eduardo, LARDON Sylvie et REY-VALETTE Hélène, « Introduction : Dispositifs et outils de gouvernance territoriale », *Norois*, 2008, n°209, pp. 7-13.

- CONNETABLE Fabien et PISSALOUX Jean-Luc « Pays et intercommunalités : la coopération locale au service d'un territoire », *Cahiers de droit de l'intercommunalité 2008*, n°3, p. 11

- DEFFIGIER Clotilde, « Les services communs : une optimisation... complexe ! », *JCP A*, 2014, 2052 pp. 1-6.

- DERDAELE Elodie, « Les PETR : cuisine et dépendances d'une réforme territoriale méconnue », *Civitas Europa*, 2015, n°35, pp. 139-160.

- DIALLO Abdoul, DORE Gwénael et LEPICIER Denis « Pays et intercommunalité, quelles conséquences de la réforme des collectivités territoriales ? », *Economie rurale,* 2014, n°344, pp 61-64.

- DORE Gwénaël, « Le Pays, un singulier pluriel », *POUR*, 2011, n°209-210, pp. 89-102.

- DORE Gwénael, « Les régions françaises et le soutien aux territoires depuis 2016 », *Revue d'économie régionale et urbaine*, 2020, pp. 533-554.

- DORE Gwénael, « Les pays face aux nouveaux défis de l'intégration intercommunale », *POUR,* 2011, n°209, pp. 79 à 87.

- DORE Gwénael, « Quelles coopérations entre les métropoles et les territoires ruraux en France ? Les pactes Etat-métropoles et l'expérimentation des contrats de réciprocité, *L'Information géographique*, 2019, n°83, pp. 55-78.

- DUSSART Vincent, « Témoignage : professeur de finances publiques et adjoint au maire », *Gestion & Finances Publiques*, 2020, n° 5, pp. 77-80.

- DYENS Samuel, « Faire évoluer les syndicats vers d'autres modes de gestion », *AJCT*, juin 2018, n°6, p. 313.

- FAURE Bertrand « Théorie et pratique des compétences des collectivités territoriales face à la crise sanitaire », *AJDA*, 2020, p.1727.

- FERREIRA, Nelly, « L'intercommunalité syndicale, entre rationalisation programmée et réalité des territoires », *AJCT*, juin 2018, n°6, p. 300.

- GARDERE Anne « Intercommunalités : vers un retour en force des communes ? », *JCP A,* 7 octobre 2019, n°40.

- GARDERE Anne, « Loi d'orientation des mobilités et communautés de communes : le transfert de la compétence “mobilités” aura-t-il lieu ? », *JCP A,* 2 mars 2020, n°9, 2058.

- GERMAINE Marie-Anne et LESPEZ Laurent « Le démantèlement des barrages de la Sélune (Manche). Des réseaux d'acteurs au projet de territoire ? », *Développement durable et territoires,* décembre 2019, n°3.

- GUILLEMET Dominique « La longue histoire des territoires », « Les Nouveaux territoires de Poitou-Charentes », *Cahiers de l'IAAT*, 1999, n° 3.

- HOUSER Matthieu, « Le volet intercommunal de la loi MAPAM : de nouvelles perspectives offertes aux acteurs locaux », *AJCT*, juin 2014, p. 288.

- JOUEN Marjorie et LORENZI Frédérique, « La dimension territoriale et politique des circuits courts alimentaires : représentations et enjeux dans le débat européen sur la politique agricole commune », *Sciences Eaux et territoires*, 2014, n°13, pp. 12-19.

- KERNALEGENN Tudi. « Les gauches alternatives à la découverte des régions dans les années 1968 », *Revue historique*, 2018, n°685, pp. 147-166.

- LE CHATELIER Gilles et REY Simon, « Rédiger les statuts d'un syndicat : gouvernance, compétences et fonctionnement à la carte », *AJCT*, juin 2018, n°6, p. 303.

- LEMAITRE Thierry et LOEIZ Laurent, « Défense et illustration du pays », *Economie et statistique*, avril 1979, n°110, pp. 43-48.

- MARECHAL Gilles, NOEL Julien et WALLET Fréderic, « Les projets alimentaires territoriaux (PAT), entre rupture, transition et immobilisme », *POUR*, 2019, p. 5.

- MELOT Romain, « De la gestion des espaces au projet de territoire : les enjeux politiques d'un changement de paradigme juridique », *L'année sociologique,* 2009, n°59, pp. 177 à 199.

- NEGRIER Emmanuel, « Métropolisation et réforme territoriale », *Revue française d'administration publique*, 2012, n° 141, p. 73-86.

- OZOUF-MARIGNIER Marie-Vic, « La monographie de "pays" : le conflit entre science leplaysienne et géographie autour d'un monopole (1890-1910) », *Revue d'Histoire des Sciences Humaines*, 2003, n° 9, pp. 13-35.

- PAULIAT Hélène, « Le pays est mort… vive le pôle d'équilibre territorial et rural ! », *La semaine juridique administrations et collectivités territoriales*, février 2014, n°8, p. 2.

- PISSALOUX Jean-Luc et SUPPLISSON Didier « La réforme inachevée des collectivités territoriales », *Revue française d'administration publique,* 2011, n° 137-138, p. 229-237.

- PIVETEAU Vincent « L'ingénierie territoriale, défi pour la gouvernance », *POUR,* 2011, n°209-210, p. 159.

- PORTIER Nicolas, « Préface », *Norois,* 1999, n°181, pp. 5-8.

- POULOT Monique. « Aménagement du territoire, politiques industrielles et milieu rural », *POUR*, 2016, n°229, pp. 109-119.

- SEVINO Aldo, « La "marque territoriale protégée" au cœur de la stratégie touristique locale », *JCP A,* 18 Janvier 2016, n°2, 2008.

- SOLER-COUTEAUX Pierre et STREBLER Jean-Philippe, « La modernisation des SCoT, le projet, toujours le projet, encore le projet », *RDI,* octobre 2020, n°10, p. 504.

- TAILLEFAIT Antony, « Les pôles métropolitains et les pôles d'équilibre territoriaux et ruraux », *AJDA*, 2014, n°11, p. 626.

- TREPPOZ BRUANT Armelle, « Intercommunalité et communes- L'intercommunalité du XXIe siècle ou Le Prométhée moderne », *Droit administratif,* décembre 2020, n'°12, étude 16.

B. JOURNAUX D'INFORMATIONS

- BESSET Jean-Paul, « L'émergence des « pays » bouscule les départements, *Le Monde,* 26 mars 1999.

- BLIND-GANDER Noëlle « Deux axes de covoiturage dynamique dans le Sundgau », *L'Alsace*, 27 janvier 2021.

- LE MONDE, « La lettre du président de la République à M. Olivier Guichard », 28 novembre 1975.

- OLEI Sarah, « SCoT tenant lieu de PCAET (SCoT-AEC) : le CEREMA décrypte l'ordonnance de 2020 sur la modernisation des SCoT », *note du CEREMA.*

- OLIVA Delphine, « Changement de nom et de stratégie au Pays Chaunois », *L'Union*, 20 février 2021

- TREHET Christophe, « Couveuse d'activité pour la filière bois gérée dans le cadre d'un GIP (88), *Banque des territoires,* 15 janvier 2020.

- ZAPALSKI Emilie, « Développement des territoires - La mue des pays en PETR : pas si simple ! », *Localtis*, 2014.

- ZAPALSKI Emilie, « Joël Giraud : Les pays, c'est l'ingénierie territoriale par essence », *Localtis,* 9 décembre 2020.

V. DOCUMENTS OFFICIELS

A. DISPOSITIONS LEGISLATIVES ET REGLEMENTAIRES

1) Lois et ordonnances

- Loi n° 92-125 du 6 février 1992 relative à l'administration territoriale de la République.

- Loi n°95-115 du 4 février 1995 d'orientation pour l'aménagement et le développement du territoire.

- Loi n° 99-533 du 25 juin 1999 d'orientation pour l'aménagement et le développement durable du territoire et portant modification de la loi n°95-115 du 4 février 1995 d'orientation pour l'aménagement et le développement du territoire

- Loi n° 99-586 du 12 juillet 1999 relative au renforcement et à la simplification de la coopération intercommunale.

- Loi n° 2000-1208 du 13 décembre 2000 relative à la solidarité et au renouvellement urbains.

- Loi n° 2010-1563 du 16 décembre 2010 de réforme des collectivités territoriales.

- Loi n° 2014-58 du 27 janvier 2014 de modernisation de l'action publique territoriale et d'affirmation des métropoles.

- Loi n° 2014-1170 du 13 octobre 2014 d'avenir pour l'agriculture, l'alimentation et la forêt.

- Loi n° 2015-29 du 16 janvier 2015 relative à la délimitation des régions, aux élections régionales et départementales et modifiant le calendrier électoral. Cette loi a modifié les périmètres des régions, désormais au nombre de douze sur le territoire métropolitain, treize avec la Corse, collectivité territoriale à statut particulier.

- Loi n°2017-86 du 27 janvier 2017 relative à l'égalité et à la citoyenneté.

- Loi n° 2019-1428 du 24 décembre 2019 d'orientation des mobilités.

- Loi n° 2019-1461 du 27 décembre 2019 relative à l'engagement dans la vie locale et à la proximité de l'action publique.

- Ordonnance n° 2020-744 du 17 juin 2020 relative à la modernisation des schémas de cohérence territoriale.

2) Décrets et autres

- Décret n°63-112 du 14 février 1963 créant une délégation à l'aménagement du territoire et à l'action régionale et fixant les attributions du délégué.

- Décret n°2000-909 du 19 septembre 2000 relatif aux pays et portant application de l'article 22 de la loi n° 95-115 du 4 février 1995 modifiée d'orientation pour l'aménagement et le développement du territoire

- Directive nationale d'orientation du 10 mars 2016 sur l'ingénierie d'Etat dans les territoires 2016-2018 du ministre de l'Aménagement du territoire, de la ruralité et des collectivités territoriales et du ministre de l'Intérieur.

- Circulaire du 3 juin 2016 relative à la ruralité du ministre de l'Aménagement du territoire, de la ruralité et des collectivités territoriales.

- Instruction du gouvernement du 16 avril 2018 relative au programme « Action Cœur de ville » du Ministre de la cohésion des territoires.

- Circulaire du 14 janvier 2020 sur les dotations et fonds de soutien à l'investissement en faveur des territoires en 2020 de la ministre de la Cohésion des territoires et des relations avec les collectivités territoriales.

- Circulaire du 24 novembre 2020 relative à l'élaboration des contrats territoriaux de relance et de transition écologique du Premier ministre

B. RAPPORTS

- BELOT Claude, GIRAULT Jean-Marie et LARCHER Gérard, Rapport du Sénat sur la loi d'orientation pour l'aménagement et le développement du territoire, 1994, rapport n°35, tome I, p.74.

- BELOT Claude, GIRAULT Jean-Marie et LARCHER Gérard, Rapport du Sénat sur la loi d'orientation pour l'aménagement et le développement du territoire, 1994, rapport n°35, tome II, p.94.

- BOCKEL Jean-Marie et GUENE Charles, Rapport d'information du Sénat fait au nom de la délégation aux collectivités territoriales et à la décentralisation sur les pôles d'équilibre territoriaux et ruraux et les pôles métropolitains comme nouveaux territoires de projet, 23 juin 2017, rapport n°588, p. 14.

- COSTES Josiane et GUENE Charles, Rapport d'information du Sénat fait au nom de la délégation aux collectivités territoriales et à la décentralisation sur l'ingénierie territoriale et l'agence nationale de la cohésion des territoires, 2 juillet 2020, rapport n°591.

- COUR DES COMPTES, rapport « L'intercommunalité en France », 14 novembre 2005.

- COUR DES COMPTES, rapport « La carte des syndicats intercommunaux : une rationalisation à poursuivre », juillet 2016.

- DURON Philippe, Rapport fait au nom de la commission de la production et des échanges de l'Assemblée nationale sur le projet de loi n°1071 d'orientation pour l'aménagement et le développement durable du territoire et portant modification de la loi n° 95-115 du 4 février 1995 d'orientation pour l'aménagement et le développement du territoire, rapport n°1288, tome I, p.43.

- DUSSOPT Olivier, Rapport fait au nom de la commission des lois constitutionnelles, de la législation et de l'administration générale de la République de l'Assemblée nationale sur le projet de loi n°1407 de modernisation de l'action publique territoriale et d'affirmation des métropoles, 27 novembre 2013.

- FOUCHE Alain, Rapport d'information fait au nom de la délégation du Sénat à l'aménagement et au développement durable du territoire sur l'avenir des pays, 28 juin 2006, rapport n°430.

- HYEST Jean-Jacques et VANDIERENDONCK René, Rapport fait au nom de la commission des lois constitutionnelles, de législation du suffrage universel, du Règlement et d'administration générale du Sénat sur le projet de loi portant nouvelle organisation territoire de la République, 10 décembre 2014, rapport n°174, p. 268.

- QUENTIN Didier et URVOAS Jean-Jacques, Rapport d'information fait par la commission des lois constitutionnelles, de la législation et de l'administration générale de la République de l'Assemblée nationale sur la clarification des compétences des collectivités territoriales, 8 octobre 2008, rapport n°1153.

- VILLENEUVE Josseline, « Bilan de la loi du 6 février 1992 », *Direction générale des collectivités locales*.

C. QUESTIONS ECRITES SENAT

- « Création de certains grades pour les agents des pôles d'équilibre territoriaux et ruraux », réponse du Ministère de l'action et des comptes publics publiée dans le Journal officiel du Sénat du 7 décembre 2017, page 3866.

- « Compétence des pôles d'équilibre territoriaux et ruraux pour les plans climat-air-énergie territorial », réponse du ministère de la cohésion des territoires et des relations avec les collectivités territoriales, publiée dans le Journal officiel du Sénat du 9 janvier 2020, page 170.

D. AUTRES DOCUMENTS D'INSTITUTIONS

- « Dynamiques de projets alimentaires territoriaux en région Centre-Val de Loire », état des lieux par *Initiatives pour une agriculture citoyenne et territoriale (InPACT Centre), la région Centre-Val de Loire et le ministère de l'agriculture de l'agroalimentaire et de la forêt*, octobre 2018.

- « Projet de territoire : ambition, méthodes et pratiques », rapport produit par *l'Assemblée des Communautés de France,* décembre 2020.
- « Les territoires de projet et la compétence mobilité », mode d'emploi par le *CEREMA* et l'*ANPP.*

TABLE DES MATIERES

Structures éditoriales du groupe L'Harmattan

L'Harmattan Italie
Via degli Artisti, 15
10124 Torino
harmattan.italia@gmail.com

L'Harmattan Hongrie
Kossuth l. u. 14-16.
1053 Budapest
harmattan@harmattan.hu

L'Harmattan Sénégal
10 VDN en face Mermoz
BP 45034 Dakar-Fann
senharmattan@gmail.com

L'Harmattan Cameroun
TSINGA/FECAFOOT
BP 11486 Yaoundé
inkoukam@gmail.com

L'Harmattan Burkina Faso
Achille Somé – tengnule@hotmail.fr

L'Harmattan Guinée
Almamya, rue KA 028 OKB Agency
BP 3470 Conakry
harmattanguinee@yahoo.fr

L'Harmattan RDC
185, avenue Nyangwe
Commune de Lingwala – Kinshasa
matangilamusadila@yahoo.fr

L'Harmattan Congo
219, avenue Nelson Mandela
BP 2874 Brazzaville
harmattan.congo@yahoo.fr

L'Harmattan Mali
ACI 2000 - Immeuble Mgr Jean Marie Cisse
Bureau 10
BP 145 Bamako-Mali
mali@harmattan.fr

L'Harmattan Togo
Djidjole – Lomé
Maison Amela
face EPP BATOME
ddamela@aol.com

L'Harmattan Côte d'Ivoire
Résidence Karl – Cité des Arts
Abidjan-Cocody
03 BP 1588 Abidjan
espace_harmattan.ci@hotmail.fr

Nos librairies en France

Librairie internationale
16, rue des Écoles
75005 Paris
librairie.internationale@harmattan.fr
01 40 46 79 11
www.librairieharmattan.com

Librairie des savoirs
21, rue des Écoles
75005 Paris
librairie.sh@harmattan.fr
01 46 34 13 71
www.librairieharmattansh.com

Librairie Le Lucernaire
53, rue Notre-Dame-des-Champs
75006 Paris
librairie@lucernaire.fr
01 42 22 67 13

www.ingramcontent.com/pod-product-compliance
Lightning Source LLC
LaVergne TN
LVHW021210061026
849535LV00008B/2666
* 9 7 8 2 1 4 0 2 8 3 4 2 0 *